武汉体育学院体育教育与健康促进学科群支持项目

◎庞俊鹏　编著

空手道教程

KONGSHOUDAO JIAOCHENG

长江出版传媒
湖北科学技术出版社

前言

历史轮回演进，时代交叠更替，空手道从我国南派拳术流传至琉球群岛，继而发展到世界，可谓是历经了历史的无数轮回和时代的不断交叠。然而，无论时空如何变迁，具有儒家文化的现代空手道运动已是世锦赛、世界杯、亚运会、泛美运动会正式比赛项目。2006 年 7 月国家体育总局拳击跆拳道运动管理中心在广州天河体育中心举办了“中国首届空手道教练员培训班”，筹备成立中国空手道协会，2010 年 4 月 14 日国家体育总局批复关于将空手道设立为我国正式开展的体育运动项目的文件。时至今日空手道运动在由官方管理范畴下已健康可持续开展了 10 个年头。

随着我国由体育大国向体育强国迈进，作为一项新兴体育运动项目，空手道运动未来在我国发展过程中，在教学与训练，竞赛管理和科学研究等方面，必将会向我们提出新的挑战，也会带给从业者更多的思考，本书的撰写是应我国竞技空手道发展从而带动大众空手道和校园空手道发展。全书内容体系是以空手道基本步型、基本动作，图文并茂地阐述了空手道“型”“组手”的练习方法和手段，在教学组织部分，按照我国体育院校根据《运动训练专业教学大纲》要求，结合当前空手道专业实际需要撰写而成。基于此，笔者在 10 年空手道裁判工作生涯和空手道多年专项教学、训练实践的基础上，结合国内外空手道同仁的研究成果，编写了《空手道教程》一书。本书部分内容借鉴了《运动训练学》，《竞技参赛学》和国家体育总局全国教练员岗位培训教材《现代教练员科学训练理论与实践》。其主要目的是完善和充实当前体育院校专项课程和普通高校体育课空手道专项课程体系不足。

本书由庞俊鹏担任主编，图片由全国冠军、武汉体育学院空手道专项的学生陈嘉威、王志伟、谢劲文演练，摄影由武汉佳丽影像工作室完成。

在本书编写过程中，参考和借鉴国内外有关空手道方面的研究文献和其他学科部分的相关资料，在此，向原著者表示衷心的感谢。

由于笔者知识水平有限，经验不足，时间仓促，在编写过程中难免会出现很多不足和瑕疵乃至错漏，恳请各位空手道同仁批评指正，以后将不断地总结经验和广大的空手道同仁一道，为空手道运动在我国可持续健康发展服务，也祝愿空手道项目能进入 2020 年东京奥运会成为正式比赛项目。

庞俊鹏

2016 年元月

目　录

第一章　空手道运动概述

空手道（KARATEDO）是以脚踢、拳打、靠身摔在一定规则限制下及型（套路）为演练的徒手技击运动形式，基于严格的精神约束下追求至真、至善、超越的武道，空手道亦称空手，是发源于琉球王国（今琉球群岛），由多种古老武术构成的格斗系统，其前身是古代琉球武术“手”，融入中国古老武术后，形成一套格斗体系，被琉球人尊称为“唐手”，空手道组手“寸止”，充分展示了竞技空手道的魅力，而“型“的演练，体现了“天人合一”的自然规律，其精神与肌体协调配合是高水平的具体表现。

第一节　空手道运动的起源与发展

一、空手道运动的起源

千百年来，日本民族在政治、经济、文化上向古代强盛的中国学习、吸收了许多文化精华，成为日本民族自我发展和强盛的古老源泉。空手道发源地是历史上的琉球王国（即今琉球群岛一带），其源于我国南派武术。现存日本的主要流派有松涛馆流、和道流、刚柔流、糸东流四大流派。空手道的前身是古代“琉球手”，它是生活在琉球群岛上的土著民族在生产生活实践中产生的格斗技术，后与中国武术融合，形成了一种新的武术形式即“唐手”。

目前，关于空手道起源的说法主要有两种：一是空手道起源于中国盛唐时期，由当时的日本武者从中国带回日本，并将其完善。据《中国武术史》记载，唐朝时期中国武术曾漂洋过海，流传至日本，对日本武道产生过巨大影响。因“唐手”的日语发音与“空手道”谐音，所以“唐手”又称“空手”。二是认为空手道是在中国明朝时正式传入日本。从 14 世纪末到 19 世纪末的近五百年间，琉球历代国王都以进贡的形式与中国保持交流，民间也与中国大陆开展贸易往来，其中有部分琉球人还到北京和福州等地学习中国拳术。据《明实录》记载，1392 年，朱元璋派遣福建籍善于造船航海的三十六姓（户）到琉球，帮助琉球官府打造大型船只。后来这些人就在琉球王城首里附近的久米村定居，其中一些人擅长南拳，就逐渐在当地居民中秘密传承。1776 年日本学者户部良熙在《大岛笔记》中记载 1756 年中国册封使团侍从武官公相君曾向琉球士族传授组合形式的武术技法，其中技术灵巧，手脚并用。在现行的空手道型中仍保留有公相君、公相君大、公相君小、公相君四方之称谓。据史料记载，日本空手道四大流派之一“刚柔流”的创立与中国福建南拳有着十分深厚的渊源，该流派宗师东恩纳宽量及其弟子宫城长顺都曾在中国学拳数年，后宫城长顺将所学中国南拳与那霸手融合创立了“刚柔流”。刚柔流代表团曾几番跨海入闽，寻找昔日祖师的遗迹。1989年，他们在福建省体育中心设立了“显彰碑”，纪念他们在中国的老师。冲绳刚柔流访华团1992年3月访问福建体育学院时，表演了“三战”“十八”“一百零八”等空手道“型”，其技法结构与发力方式与福建南拳十分类似，其型的名称仍保持福建方言的发音。

二、空手道在琉球群岛的发展

空手道最初产生于琉球群岛一带，在19世纪末日本吞并琉球王国以前相当的时期内主要局限在琉球群岛范围传播。在这一时期的发展历程中，空手道经历了从最初琉球手与中国武术的磨合阶段到唐手被社会普遍接受的过程，进而成为当时琉球群岛最主要的武道练习方式。唐手曾一度成为琉球群岛贵族阶层健体、防身的技能，甚至成为贵族阶层的特权。据琉球国史《中山世鉴》和《球阳》记载，对空手道发展影响最大的是这期间的两次禁武运动：第一次禁武是在琉球的中山王尚巴志结束了琉球岛上的长期战乱后，开始推行“以文治国”的方略，到了尚氏王朝的第二代国王尚真王（1476－1526年）统治时期，推行“文治立国”政策，并立法禁止民间习武。由此民间练武活动开始以秘密的方式进行。第二次禁武是在1609年日本九州的萨摩藩岛津氏率三千军队征服琉球，把琉球强制纳入九州萨摩藩版图，归萨摩藩管辖。岛津氏为了防止人民造反，进一步制定法律严禁民众习武，并收缴了民间兵器，因而在这一时期以徒手为主要练习形式的琉球拳法便成了民间唯一的防身技能而广泛地传播。这两次禁武运动一方面使整个琉球本土的习武之风受到压制，另一方面这种以徒手为主的琉球拳术受到琉球当地人们的推崇，琉球手在一定程度上反而得到了大力的发展。此外，1879年，日本吞并了琉球，日本政府宣布废除“琉球国”，设立冲绳县。此外，琉球的士族阶级开始没落，许多家道中落的士族阶层转而修炼和普及唐手，促进了唐手的进一步发展和普及，如著名唐手家糸州安恒致力于在学校中的普及。在1901年，首里寻常小学以“空手”为名称，向学生教授唐手。1905年，冲绳县立第一中学（今首里高等学校）与冲绳县立师范学校的体育科亦开始传授唐手。此后相继涌现出了大量的唐手名家，如：首里的佐久川宽贺及其弟子松村宗棍、松村宗棍弟子糸洲安恒、盛岛亲方、油屋山城，泊村的宇久嘉隆、禅南（照屋亲云上规箴），那霸的湖城以正、长浜筑登之亲云上等。在这期间，唐手主要有三大派系：首里手、那霸手和泊手。

三、空手道在日本本土的发展

20世纪初，空手道以唐手的形式逐渐在冲绳县（即原琉球国）学校普及和发展，自1905年（明治三十八年）后，冲绳一些中学公开采用“唐手”为体育课的授课内容。并从这一时期开始，许多冲绳的唐手家逐渐致力于在日本本岛推广唐手，其中冲绳首里尚武会长船越义珍为唐手在日本的普及和传播做出了巨大贡献。为了在日本本土推广唐手，他于1916年前往东京武德殿公开表演唐手，获得了极大的成功。又于1922年（大正十一年）5月应日本教育部门之聘前往东京讲学，在各大学校示范指导学生练习唐手，并应邀出席日本文部省主办的第一回体育展览会，在展览会上，船越义珍表演了唐手。这次表演在日本武道界产生了巨大的影响，引起了日本武道家的极大关注，这其中就包括了柔道的创始人嘉纳治五郎。到次年（大正十二年）6月，船越义珍在东京创立唐手讲道馆，当时有嘉纳治五郎等200余名柔道名家前往讲道馆聆听了船越义珍关于唐手的解说。同时，船越义珍开始在东京大力推广唐手，并亲自指导唐手的习练。同一时期，著名唐手家本部朝基于同年11月参加了在京都举行的武术比赛，并在赛场上一拳击倒了俄罗斯拳击手，引起了世界性的轰动，他向世人展现了唐手的威力。这次武术比赛成为了唐手有力的宣传和见证，为唐手在日本的普及和发展奠定了重要的基础。赛后，在日本掀起了一股习练唐手的热潮。在唐手家船越义珍和本部朝基两人的影响下，日本各大学纷纷设立了唐手部。为了推进唐手的进一步发展，冲绳唐手家本部朝勇于1924年（大正十三年）在冲绳创立冲绳唐手研究俱乐部，1926年更名为冲绳唐手俱乐部。冲绳唐手俱乐部的创立，一方面为日本的唐手家提供了技艺交流的场所，从而促进唐手技术的改进和提高；另一方面，它标志着唐手步入了有组织性的发展尖端，为进一步推动唐手的普及提供了平台。这一时期，冲绳唐手俱乐部汇集了当时日本的众多唐手名家，如：花城长茂、本部朝勇、本部朝基、喜屋武朝德、知花朝信、摩文仁贤和、宫城长顺、许田重发、吴贤贵等。从此，唐手以现代的形式在日本本土迅速发展起来。

在1929年，船越义珍在庆应义塾大学唐手研究会执教时，根据佛教《般若心经》中空的概念，将日语唐手的汉译定名为“空手”。而“空手”开始在日本得以传播。1935年船越义珍出版了《空手道教学方式》一书，正式以空手道的命名取代唐手。到1936年10月25日，那霸举行空手大家座谈会，正式通过了船越义珍将“唐手”改名为“空手”的决议。“空手”这一名称开始被广泛使用。直至1937年（昭和十二年），冲绳武道界和体育教育界召开会议研究空手的改名和发展，统一认识并决定改名为空手道，即KARATEDO。自此，空手道的名称得以确立。

四、停滞期与转型期

20世纪30年代后，随着空手道的普及，空手道家试图致力于将空手道向竞技化的方向发展。然而在这一时期，由于第二次世界大战的爆发，空手道的发展一度进入了低潮。1945年第二次世界大战结束，日本战败，冲绳（琉球群岛）

却被美国占领，日本列岛为“联合国军”所占领。“联合国军”总司令部下令禁止练习武道，因此，日本下达了柔道、剑道等武道禁令，空手道的活动也一度处于停滞状态。不久，日本文部省又声称“空手道的正式名称是空手”，因此不是武道，空手道得以再度活跃。但空手道也因此放弃大量武器术及击杀性的练习，转而以突出其防身健体的方向发展，这标志着空手道与琉球古武道开始分野。此后，空手道在以宫城长顺先生为代表的众多空手家的努力下，逐渐为当局所重视，开始了一个新的发展历程。1946 年宫城长顺先生应聘为冲绳市政府体育协会及冲绳员警训练学院传授空手道技巧。1948 年，容宜仁及弟子在东京创立了松涛馆流的最大会派日本空手协会。并于 1957 年 4 月 10 日被日本文部省认定为社团法人。1949 年，在松涛馆船越义珍的推动下，各派联合成立了日本空手道协会。从此，空手道在日本进入系统化、组织化的发展时期，也为空手道走向竞技化的道路奠定了基础。

1954 年，韩武馆（今全日本空手道联盟练武会）举办了第一回全日本空手道选手大会，并规定参赛选手在竞技中使用防护器具。同年，由日本空手道协会主办的日本传统派全国空手道选手权大会开幕，这意味着传统派所遵循的“止寸原则”（即“禁止直接击打”之意）开始纳入了空手道的竞技规范中，随后在日本境内开始了竞技化的发展时期。1958 年，日本空手道协会举办了第一届日本空手道锦标赛，参赛队伍均来自日本各大学中的空手道俱乐部。这次比赛极大地促进了日本高校空手道的竞技化发展。在 1962 年，日本空手家山田辰雄在后乐园会堂举办了第一回空手竞技会，试行了直接打的比赛形式。与此同时，极真空手创立者大山倍达摒弃空手道传统派的止寸原则，提出除去一切防护器具，徒手赤脚直接击打对方（除足技以外，严禁击打面部），并在东京体育馆举办第一回全接触式全日本空手道选手权大会。

五、空手道在世界的发展

“二战”之前空手道就已经开始在国外传播，根据冲绳官方资料记载，冲绳首里手流派唐手家屋部宪通曾两次去美国传播空手道。第一次是 1921—1922 年前往美国探亲期间在洛杉矶进行过唐手的演武；第二次是在 1927 年回冲绳的归途中，他经过夏威夷，为夏威夷纽厄努基督教青年会进行了两次空手道演武，并在夏威夷教授空手。继屋部宪通之后，空手家宫城长顺于 1934 年前往夏威夷教授空手道。

“二战”后，在美国占领日本期间，空手道因未被认同属于武道而成为唯一不被禁止的技击项目，因此空手道的发展得以延续，甚至在当时日本的美军基地上也开展空手道的表演活动。由此，驻日美军士兵逐渐认识和了解空手道，并将空手道带入了美国，美国空手道的创始人罗伯特·特里阿斯就是杰出的代表人物。“二战”时，特里阿斯在所罗门群岛向本部朝基的一名中国籍弟子学习空手道，直到1946年，特里阿斯回到美国，在美国亚利桑那州的菲尼克斯开设了空手道道场。1948年，美国建立了空手道协会，标志着空手道逐渐在美国进入系统地、有组织地发展。这一时期，随着空手道传入美国，对美国本土的军队也产生了重大影响，美国本土的战略空军指挥部开始从少壮士官中选拔空手道、柔道、合气道的体育指导官，并让这些被选拔的士官前往日本实地学习三个月，这种团体学习的情形持续了数十年，对世界各国产生了很大的影响。继特里阿斯之后，在被尊为美国空手道之父的肯波流空手道创始人埃德·帕克等人的努力推广下奠定空手道运动在美国的基础。

早在1937年，韩国跆拳道创始人崔泓熙前往日本学习松涛馆流空手道，到20世纪50年代将空手道与韩国古典武道相融合，创建了跆拳道。

20世纪60年代后，为培养空手道指导人才，欧洲许多国家向日本派遣人员学习空手道，并邀请活跃于当时日本的空手家进行指导和教授，如松涛馆流的金泽弘和向联邦德国人和英国人教授空手道，许多葡萄牙人则向刚柔流的东恩纳盛男学习空手道。这期间，世界各国培养了大批的空手道人才，从而推动了空手道向海外普及。为了扩大空手道在世界范围内的影响力，1964年日本在举行奥运会的同时，前早稻田大学校长大兵信泉将空手道各流派联合起来，把日本空手道协会、全日本大学生空手道联盟、全国各地区空手道团体、全国自卫队空手道联合会以及全日本实业团空手道联盟和空手道爱好者等各个团体组成了全日本空手道联盟，并亲自担任会长。全日本空手道联盟成立，加速了空手道在世界范围内的普及和发展。

1970年10月13日在日本举行了第一届空手道锦标赛。次日，在日本成立了世界空手道联合组织，并制定了一套统一的竞赛规则和评分体系。世界空手道联合会于1976年被国际单项体育联合会接纳，因此，空手道得以在1981年的第一届世界运动会上出现。1985年，国际奥委会正式承认世界空手道联盟为管理空手道项目的组织。到1990年，空手道成为第11届北京亚运会比赛项目，从而加速了空手道在亚洲的发展。1999年，世界空手道联盟被国际奥林匹克委员会正式承认为世界级空手道团体的唯一权威组织。其组织成员包括亚洲空手道联盟（AUKF）、欧洲空手道联盟（EKU）、非洲空手道联盟（UFAK）、澳洲空手道联盟（OUKO）和泛美空手道联盟（PKF）共5个洲际联盟，目前会员国180多个，拥有会员7000万以上。

第二节　空手道的国际赛事

一、世界赛事简介

世界空手道锦标赛是由世界空手道联盟组织主办，该组织自1970年起举办首届世界空手道锦标赛之后，每两年在不同国家举办一届。2010 年第二十届世界空手道锦标赛参赛国为 88 个国家，参与选手为 875 名，赛事规模和技术能力在逐年提高，是代表世界体育空手道最高技术水准的赛事活动之一。除以上比赛之外，WKF 还在世界各地定期举办“世界杯空手道大赛”“世界空手道超级联赛”以及“世界青少年空手道锦标赛”等各种国际赛事活动。

二、亚洲赛事简介

1. 亚运会空手道比赛

1994 年广岛第十二届亚运会上空手道被列为正式比赛项目。之后，每四年随亚运会举办国的赛事活动举办一届。

2. 东亚运动会空手道比赛

东亚运动会是由东亚运动会总会所举行的地区综合性运动会。2005 年在中国澳门举办的第四届东亚运动会上，空手道被列为正式比赛项目。之后，每四年随东亚运动会赛事活动举办一届。

3. 亚洲空手道锦标赛

该赛事自 1991 年始由亚洲空手道联盟（AKF）组织举办，是亚洲空手道系列比赛中最高技术水平的赛事活动。每两年在亚洲各国（地区）举办一届。

4. 东亚空手道锦标赛

2011 年由东亚空手道联盟（2011 年成立，会员团体为中国澳门、韩国、中国香港、中华台北、中国、日本）首届东亚空手道锦标赛在澳门举办，有 6 个国家和地区的 87 名选手参与了此次盛会。此赛事活动每两年在东亚空手联盟名下的各国（地区）举办一届，属于洲际区域技术交流型赛事活动之一。

5. 西亚空手道锦标赛

2009 年，由伊朗、黎巴嫩、巴勒斯坦、阿富汗、沙特阿拉伯等多个国家和地区组成的西亚空手道联盟正式成立，之后，每两年在联盟各国举办一届西亚空手道锦标赛。属于洲际区域技术交流型赛事活动之一。

第三节　空手道的流派

传统空手道主要分为松涛馆流、和道流、刚柔流、糸东流四大流派。按现代空手道开展的方式可分为大众空手道和竞技空手道，按运动形式分为组手和型。

一、松涛馆流

松涛馆流的创始人即为现代空手道始祖船越义珍，该流派是目前世界上最大的空手道流派。它是由船越义珍和其子船越义豪在融合冲绳武术和柔术的基础上发展而来，船越义珍曾在冲绳的昭霊流和松林流两个著名流派进行练习，后融合两个流派进行改造以便适宜初学者练习，并逐步形成了节奏明快、开阖大方、刚健有力的技术风格。因船越义珍于 1936 年在日本目白建立第一个官方道场，且当时船越义珍在其哲学著作和写给学生信件上的笔名为松涛，为纪念恩师，船越义珍的学生们制作了松涛馆的符号，置于船越义珍授课的道场入口处上方，自此，松涛馆流的名称才得以确立。

松涛馆流空手道系空手道中的所谓“南舟北马”中的北派功夫，类似中国武术中的北派少林拳。因其动作幅度大且简洁，深受欧美空手道爱好者的喜爱，随着空手道运动的全球化，刚猛直接的松涛馆流空手道的优势则更为明显。该流派的代表团体有日本空手道协会（JKA），国际松涛馆空手道联盟（SKI），国际松涛会（ISKF）等数个国际性联盟及松涛会、松涛同盟会、松涛馆、松涛联合会、三田会、稻门会、拓空会等。其中 JKA 是日本最大也是世界上最具规模的空手道流派团体。目前全世界共有 80 余个国家和地区的空手道团队加盟 JKA，每两年举行一次世界性比赛。

松涛馆流技术特点为大开大合，动作幅度大，刚健有力，动作走直线，步伐稳健，多用弓步大马，注重脚法运用，是刚猛型空手道的典范，松涛流馆共有 26 个规定型（套路）。对初学者的教学中，采取强而有力的方法，而到茶带和黑带级别的人则结合柔术和一些合气道技术。

最具代表性的型：大级初段、拔塞大、二十四步、岩鹤、拔塞小、平安初段、平安二段、平安三段、平安四段、平安五段燕飞、珍手、慈恩、壮镇、半月、王冠、观空小、明镜、铁骑初段、观空大、五十四步大、五十四步小、十手、铁骑三段、铁骑二段、慈荫、云手。

二、刚柔流

刚柔流空手道的创始人是宫城长顺。宫城长顺于明治二十一年（1888 年）出生于琉球，14 岁加入那霸手名师东恩纳宽量的门下，18 岁赴中国福建省寻访师祖和同门，在福州期间，与白鹤拳名家吴贤贵等学习中国拳法六机手，回到冲绳岛后，再将其整理改良后，称为转掌。该流派系“南舟北马”中的南派功夫，源自南少林拳白鹤门。宫城长顺根据中国武术医药经典白鹤门流传秘书《武备志》里的《拳法之大要八句》中的一句“法刚柔吞吐身随时应变”，领悟其中“刚柔”二字包含“阴阳协调转换、发力技巧刚柔并济”之蕴意，故将其所传授武术称为“刚柔流”。刚柔流的代表团体有日本空手道联盟刚柔会、世界刚柔流空手道联盟、刚柔馆、刚柔联盟、正刚会等，该流派在东南亚地区有相当大的影响，也是最早传入中国的空手道流派之一。刚柔流技术特点是以小架三站步、猫足立为主，讲究刚柔并济。它有明显的南拳特色，在修练时注重“气”“息”“体”的锻炼，刚柔流是以刚猛劲力与柔和技巧配合而成的武学，故刚中带柔，柔中带劲，相辅相成。刚，意味着闭手技术和直线攻击；柔，意味着开手技术和圆形移动。刚柔流结合了硬式攻击如踢技，闭手击打和开手圆形技术如进攻、防守，控制对手包括锁、抓、摔、抛等。并强调以上技巧在应用时的运气和适当呼吸的重要性。刚柔流共有 13 个规定型。最具代表的型：三战、转掌、碎破、制引战、三十六手、四向战、久留顿破、一百零八手。

三、和道流

和道流的创始人为大冢博纪。大冢博纪出生于明治二十五年（1892 年）。6 岁起学习柔道，于大正九年（1920 年）到船越义珍的明正塾学习空手道及日本神道扬心流柔术。大正十三年（1924 年），在皇居济宁馆道场举行的舞蹈演武会中参加琉球唐手表演，大冢博纪表演自创的“唐手术乱取型”（现代空手道中的约束对打），以及“捕短刀”“捕真剑白刃”搏得好评。以此为契机，大冢博纪在昭和八年（1933）创设“和道流”即将空手道与日本柔术合而为一的意思。该流派受到“神道扬心流”柔术的影响颇深，其技法中体现了“别”“流”“押”“引”“入身”“转身”等柔术的技法特征。和道流最具特色的是格斗技术，是极少数在格斗中能体现流派特征的空手道，该流派涌现了许多空手道格斗比赛冠军。同时该派空手道也因曾属松涛馆一系因此在套路上深受松涛馆流的影响，但也有自身的特色。和道流空手道的代表团体有全日本空手道联盟和道会，世界和道流空手道联盟等，和道流最大势力是在日本的大学和学校，以东京大学、东京农业、明治、日本、立教、日本齿科、东京工业、东京外语、北海道、熊本工业、福冈等高校体育联盟中空手道强校为中坚力量。现任全日本空手道联盟事务局长荒川通就是和道流的代表人物之一。最具代表性的型：公相君、内步进、征三、镇东、拔塞、二十四、鹭牌、汪辑、慈恩、十手。

四、糸东流

糸东流的创始人摩文仁贤和生于明治二十二年（1889 年）琉球首里市，13 岁时成为首里手明家系州安恒的嫡传弟子，20 岁时在好友宫城长顺的推荐下投入那霸手名师恩纳宽量的门下。后又学习了松村派、新桓派等空手道和其他日本古武道器械。摩文仁贤和于昭和三年上京，在到达日本本土的琉球唐手家中，他是唯一完整学完首里和那霸的人。昭和九年（1934 年）摩文仁贤和在大阪开设道场，为纪念两位恩师，取两位恩师的名字的第一个字组合创立了自己的流派，即糸东流。时至今日，糸东流不但成为世界四大流派之一，且还是各种流派中技术体系最丰富，保存最完备的。糸东流空手道极其重视空手道精神的修养，开祖摩文仁贤和极其强调糸东流空手道为“君子之拳”，是为修行圆满的人格和崇高的人生目的而进行空手道修行。糸东流代表团体有全日本空手道联盟糸东会、世界糸东流空手道联盟、林派糸东流、正气会、修交会、修道会、圣心会、明武会等。

糸东流是多种流派的结合，既有着如小林流、松涛馆流等首里手系统的强而有力和稳健的步伐，又有着刚柔流等那霸和泊手系统的多向移动，强调正确的呼吸，刚柔并济。尽管糸东流的动作极其迅速，但仍不失优雅和力量。糸东流的特点概括起来是以“守、破、离”三字，即对型的忠实遵守而后应用最后独立，以此独特的方法来修行空手道，糸东流空手道一共有47个规定型，是四大流派中规定型最多的，也是派选手代表日本参加空手道比赛中型比赛最多的流派。最具代表性的型：拔塞大、征远镇、岩鹤、燕飞、公相君、二十四、二八步、鹭牌、明镜、镇东、十八、十三、半月、四方公相君、四向战、一百零八步手、云手、汪辑。

第四节　空手道运动在中国的发展

一、发展历程

2006年7月5日，国家体育总局拳击跆拳道运动管理中心在广州天河体育中心举办了“中国首届空手道教练员培训班”，筹备成立中国空手道协会，随后，中国空手道专业集训队在广东佛山成立；2006年12月在北京体育大学组织开班首届空手道裁判员学习班，同年底，国家体育总局通过了关于空手道项目立项的申请，2010年4月14日国家体育总局批复了关于将空手道设立为我国正式开展的体育运动项目的文件（体竞字｛2006｝124号)，并将空手道归属于拳击跆拳道运动管理中心，空手道运动在中国进入快速推广、普及和发展阶段。从2007年起，空手道作为试行开展的体育项目进入总局计划内赛事序列。2007年3月首支国家空手道队正式成立；7月在广东佛山举行首届全国空手道锦标赛；2008年8月，全国首届大众空手道锦标赛在广东佛山市南海开幕，奠定了空手道在全国范围内广泛普及和推广的基础；12月9日中国空手道协会在山东青岛市正式成立，此时把空手道裁判员分类为国家A级、国家B级、国家C级和国家一级，空手道在中国的发展进入了一个新阶段。2009年12月中国首家“中国空手道协会示范学校”落户广东湛江少林学校。在此期间举办中国空手道协会首届“段位考核会”。2010年4月23日，中国大学生体育协会空手道分会在北京体育大学成立，这意味着空手道项目进一步在高校学生中推广和普及。同年10月，安徽工程大学举办了首届全国大学生空手道锦标赛。11月中国空手道协会协办第十六届广州亚运会空手道比赛。2011年7月在福建泉州再次承办第十届亚洲空手道锦标赛。2011年8月首届“全国空手道夏令营”在上海青浦国家空手道训练基地举办。2012年6月在湖北武汉体育学院举办了全国锦标赛，同年12月在江苏南京举办了中国空手道协会第二届会员大会，大会选举了新一届协会领导，同时表彰了上一届优秀会员单位和个人，期间在南京警官学院体育馆举行了中国空手道冠军赛。2013年5月在吉林长春举办了中国空手道锦标赛，12月在北京昌平举办了中国空手道冠军赛。2014年3月在天津霍元甲武校召开了全接触空手道研讨会。2015年8月和11月分别在湖南娄底和河南周口举办了中国空手道锦标赛和中国空手道冠军赛，11月在广州举办了第六届全国大学生空手道锦标赛。

二、举办赛事

（一）中国空手道锦标赛

全国空手道比赛系列中规模最大的赛事活动之一，自2007年开始，由国家体育总局拳击跆拳道运动管理中心、中国空手道协会（CKA）主办，每年上半年在中国的不同城市举办一届。比赛采用世界空手道联盟竞赛规则，分为成年、青年组。

（二）中国空手道冠军赛

全国空手道比赛系列中规格和技术含金量最高的赛事活动之一，自2007年开始，由国家体育总局拳击跆拳道运动管理中心、中国空手道协会主办，每年11、12月在中国的不同城市举办，一般要求参赛选手为上半年全国空手道锦标赛中有成绩者，专业性要求较高。

（三）中国青少年空手道锦标赛

全国空手道系列比赛中专门针对青少年爱好者而举办的赛事活动之一，自2008年开始（当时为“全国大众空手道锦标赛”），由国家体育总局拳击跆拳道运动管理中心、中国空手道协会主办，每年8月在中国的不同城市举办一届。赛事形式也有别于锦标赛和冠军赛，具有一定的灵活性。以倡导青少年参与热情，提高对空手道的认识，培养技术能力为主体的赛事活动之一。

（四）中国大学生空手道锦标赛

由中国大学生体育协会批准，中国空手道协会指导，大体协会空手道分会主办的赛事活动。自2010年开始，每年在中国的不同城市举办一届，是代表中国大学生最高技术水平的空手道赛事，也是代表中国青年学生空手道最高技术水平的赛事活动。

（五）中国空手道俱乐部公开赛

面向广大的空手道爱好者，进行体育空手道的普及与推广，提高与交流的赛事平台。由中国空手道协会主办，自2012年开始，每年在中国的不同城市举办一届。赛事活动是以世界空手道联盟竞赛规则为技术指导，以技术能力划分等级组别为赛事结构基础，宽年龄层（6～45岁）、多能力组（初级别组至黑带组）的赛事特色以及灵活而有趣的赛项设置和丰富而富于挑战的各种奖励方法，有效提升空手道爱好者的参与热情，倡导“学习、展示、再学习、再挑战”重在参与的运动精神。

（六）国内组织空手道赛事基本情况统计

自2007年首届空手道锦标赛举办，迄今我国举办了9届全国锦标赛，9届空手道冠军赛、5届青少年锦标赛，大学生锦标赛也成功举办6届。

表1　中国空手道协会组织锦标赛、冠军赛举办情况统计

举办赛事时间	地点	参赛人数	参赛单位
2007年全国空手道锦标赛	广东佛山	262	26
2007年全国空手道冠军赛	上海	242	22
2008年全国空手道锦标赛	山东烟台	228	25
2008年全国空手道冠军赛	山东青岛	207	24
2009年全国空手道锦标赛	江苏徐州	297	24
2009年全国空手道冠军赛	广东湛江	150	22
2010年全国空手道锦标赛	广东广州	304	33
2010年全国空手道冠军赛	浙江温州	182	17
2010年全国青少年空手道锦标赛	河南漯河	295	27
2011年全国空手道锦标赛	北京燕山	611	55
2011年全国空手道冠军赛	福建厦门	300	29
2011年全国青少年空手道锦标赛	北京燕山	611	55
2012年全国空手道锦标赛	湖北武汉	164	20
2012年全国空手道冠军赛	江苏南京	143	21
2012年全国青少年空手道锦标赛	河南许昌	505	44
2013年全国空手道锦标赛	吉林长春	176	20
2013年全国空手道冠军赛	北京昌平	160	23
2013年全国青少年空手道锦标赛	湖北宜昌	407	25
2014年全国空手道锦标赛	湖北宜昌	136	17
2014年全国空手道冠军赛	天津滨海	136	21
2015年全国空手道锦标赛	湖南娄底	214	22
2015年全国空手道冠军赛	河南周口	150	20

表 2　大学生体育协会空手道分会组织年度锦标赛情况

举办赛事时间	地点	参赛人数	参赛单位
2010 年全国大学生空手道锦标赛	安徽芜湖	385	36
2011 年全国大学生空手道锦标赛	湖北武汉	275	24
2012 年全国大学生空手道锦标赛	广东肇庆	432	41
2013 年全国大学生空手道锦标赛	湖南衡阳	309	26
2014 年全国大学生空手道锦标赛	江苏南京	306	28
2015 年全国大学生空手道锦标赛	广东广州	378	32

第五节　中国空手道崛起

一、中国空手道队参加国际比赛经历

当前我国空手道专业团体会员达到 100 多家，注册会员 10000 多人，级位证书 13000 多张，腰带 6000 多条，举办各类培训班超过 45 次，裁判员 400 人，网站注册用户 7000 多人。迄今为止，中国举办了 9 届全国锦标赛，9 届空手道冠军赛、5 届青少年锦标赛，大学生锦标赛也成功举办 6 届。2009 年 8 月国家队队员陈丹在首届亚洲武道运动会上崭露头角，首次夺金，实现了中国空手道队在亚洲金牌榜上“零”的突破，同年 9 月中国队李红、吴秋凤、冯兰兰在第九届亚洲空手道锦标赛取得了 3 枚金牌的优异成绩，11 月上海的马俊婷在摩洛哥举办的世界青少年锦标赛上第一个获得体育空手道国际级裁判员资格证书，11 月国家队吴秋凤在第六届世界青少年空手道锦标赛上夺取中国空手道队首枚世界级金牌，实现了世界级比赛金牌“零”的突破。2010 年 7 月李津津在第七届世界大学生空手道锦标赛上获取中国队首枚世界大学生比赛金牌，10 月国家队李红在第二十届世界空手道锦标赛上勇夺含金量最高的世锦赛金牌，实现中国队在世锦赛金牌榜上“零”的突破。2010 年 11 月广州第十六届亚运会上，中国队李红、冯兰兰分别获得亚运会空手道比赛金牌。2011 年 3 月在中国澳门举办的首届东亚空手道锦标赛上，中国队刘哲等五名队员共获得 5 枚金牌。2011 年 7 月在中国泉州第十届亚洲空手道锦标赛暨第十一届亚洲青少年空手道锦标赛，中国队获得 4 金 4 银 2 铜。2012 年 5 月在日本东京举行第一届东亚青少年空手道锦标赛暨第二届东亚成年空手道锦标赛，中国队 6 金 5 银 7 铜。2012 年 7 月在乌兹别克斯坦举行的第 11 届亚洲成年空手道锦标赛和第 12 届亚洲青少年空手道锦标赛中中国队 2 金 1 银 5 铜。2012 年 7 月在捷克斯洛伐克举行的第 8 届世界大学生空手道锦标中国队获得 1 银 1 铜。2012 年 11 月在巴黎举行的第 21 届世界空手道锦标赛中国队李红获得银牌。2013 年 5 月在澳大利亚空手道公开赛中国队获得 7 金 7 银 4 铜。2013 年 10 月在天津举行的第六届东亚运动会空手道公开赛，中国队获得 3 金 1 银。2015 年 10 月在瑞典举行的极真会馆欧洲杯比赛中中国选手刘坤获得男子重量级和胡秀英女子轻量级金牌。

二、中国空手道队参加国际比赛成绩

中国空手道国家队自 2007 年 2 月成立以来至 2015 年 12 月共参加国际不等级别的比赛有：亚运会、亚锦赛、亚青赛、公开赛等，取得金牌 34 枚，银牌 25 枚，铜牌 38 枚，参加世界级比赛如：世界杯、世界锦标赛、世界大学生锦标赛、世界青少年锦标赛、国际公开赛等，共取得金牌 21 枚，银牌 19 枚，铜牌 24 枚，特别是女运动员李红先后获得亚运会金牌和世锦赛金牌，为我国空手道事业做出了卓越贡献，为发展中国竞技空手道运动起到较好开端。

第二章　空手道的种类与特点

第一节　空手道种类

随着近代竞技格斗技的出现，空手道为了适应现代社会的发展和需要，经过不断改革与创新，要求空手道技术的应用必须是建立在“可控制”的基础之上，在全面地发展选手的运动能力的同时使运动项目更具备“安全性、观赏性和科学化”等体育运动项目的特点。逐渐形成现代空手道运动，空手道界又称之为体育空手道。

一、空手道“组手”

组手是空手道的徒手对抗形式，双方利用踢、打、摔等空手道技术进行的攻防练习。组手的特点是拳法和腿法变化甚多且刚猛无比，其动作简单实用，它没有任何“花架子”，每一招、每一式都直接应用于实战中，具有极强的实用性，同时在技术运用中遵循“寸止”的原则。空手道组手分为约束组手和自由组手。约束组手即对练双方按指定架势进行攻防格挡，其训练目的是为了掌握最基本的实战技术和对攻击、防守时机的把握。一般在训练时，两名学员分别为进攻方和防守方，按照预定好的进攻路线和招式来进行，故此称为“约束组手”。自由组手是互相把所学的技术动作自由的使用出来的实战练习，这项训练是把通过基本训练，约束组手所掌握的技术动作按照一定的规则进行实战的训练。实战演练中的距离感、时机、节奏以及对手互相牵制等，还有很多用语言难以表达的技术是通过自由组手的训练来完善的。

二、空手道“型”

指定型是由世界空手道联盟规定将刚柔流、松涛流、糸东流、和道流四大流派中取不同流派的两个型为竞赛的指定型，空手道型分为：基本型、指定型、自由型，共有 8 个指定型：（1）刚柔流：十八、碎破；（2）松涛流：慈恩、观空大；（3）糸东流：征远镇、拔塞大；（4）和道流：征三、镇东。

空手道型类似于中国武术套路，是由若干空手道固定招法根据一定规律编串而成的成套练习形式。其中有攻击、防守的各种技法，通过手、腿和身体的运动，结合呼吸和发力，组成了不同的风格特点，并反映不同流派的武学思想。型的种类较多，各个流派均有自己规定的型，从简单到复杂，从低级到高级，有各种各样的套路。型要求身体运用松弛有度，富有力量和节奏，讲究动作技术的合理构架和流派的风格特点。运动中要求步法稳健而灵活，重心平衡不可有过多的上下起伏和摇晃。同时注意呼吸吐纳与意识的配合，体现实战感和警戒心。

第二节　开展方式分类

根据空手道运动学习、训练、推广的组织形式、比赛性质以及练习的不同可分为大众空手道、竞技空手道、极真空手道三类。

一、大众空手道

大众空手道是指主要由道馆、俱乐部、学校、协会等以及各流派分支等社会性培训机构为空手道学习训练的组织单位，参加习练的人员主要由学习、工作之余的空手道爱好者组成。其学习、训练和比赛的目的是为了强身健体和培养兴趣爱好，对普及和推广空手道运动有较好意义。

二、竞技空手道

竞技空手道是指主要有一定组织，以国际联盟、联合会及国家、地区、协会等为组织单位所开展的专业化、专门化的空手道的训练和竞赛。它遵循现代竞技运动的基本规律和体育精神，以获得最佳的运动比赛成绩为开展空手道运动的出发点和归属点。其运动训练的参与者主要是由具有空手道运动天赋的人员组成。

三、全接触空手道

1965 年成立世界性的极真空手道组织“国际空手道联盟极真会馆”。从 1969 年起，每年主办全日本空手道大赛及每隔四年主办全世界空手道大赛，至今从未间断，并以全接触式赛例闻名于世。亦因为极真空手道的训练严格、努力不懈、不屈不挠的斗志精神，令极真派得到全球武术界的认同。经过 40 年发展，极真会馆在全球 120 多个国家设立了分部，学员超过 1200 万多人，成为世界上最大的武道项目之一。极真空手道主张将家庭、公司（在校学生）、道场合而为一的三合生活。观点强调将习武的精神诠释到实际的学习、工作和人生之中，有一定的社会意义。

（一）全接触空手道在中国发展

2014 年 3 月在天津霍元甲武术学校，中国空手道协会组织首次全国全接触（极真）空手道研讨班，来自上海、江苏、湖北等地的 40 多名与会人员参加研讨，会议内容主要研讨了极真空手道如何在中国发展、推广等，会后成立了中国空手道协会全接触空手道委员会。中国空手道协会作为空手道运动的国家级行业主管机构，担负着推广普及、发展、举办赛事等多项职责。极真空手道作为空手道运动的重要组成部分在世界上有广泛的影响力，拥有众多练习人口和较为成熟的比赛规则、技术体系和推广模式。涌现了很多成功的推广机构、道馆和俱乐部，吸引了大批极真空手道爱好者和习练者，具备了一定的规模和影响力。2014年6月份在上海举办了第一期全接触空手道教练员、裁判员岗位培训班。11月在江苏南京举办由中国空手道协会组织的首届2014年全国全接触空手道公开赛。2015年8月在湖北宜昌举办了第二届全接触空手道锦标赛。

第三节　空手道的特点

一、崇尚礼仪，德艺双修

空手道主张“正戈之道，止戈之道”，坚守“始于礼而终于礼”的基本训条，也是每一位空手道人必须恪守的行为规范。在平时训练中要讲究师生、同门及对手之间的礼节。而且要将礼仪灌输到日常生活之中，养成谦虚、忍让、友好品质。同时，礼仪还代表了空手道的精神内涵，强调自我超越，坚韧不拔的信念，追随尊严、感激、忍耐的人生信条，在不断的习练中修成完满的人格。

二、注重基础，打练集合

型和组手是空手道运动的基本表现形式，同时二者又是相辅相成、互为提高的。型是组手训练的基础，组手是型的实际运用形式。组手比赛的“六个得分标准”要求运动员必须经过十分严格的系统训练并具备十分扎实的基础。通常空手道选手的培养过程都必须遵循：基本功一基本技术一型一约束组手一自由组手的过程。

三、一击必杀”与“寸止精神”

空手道是人们在生产、斗争实践中发展起来的一项搏斗运动，具有很强的实战技击性，追求“一击必杀”的威力，并将此作为组手比赛中评判选手技术是否得分的精神要旨。同时，又十分强调点到为止的“寸止精神”，要求选手在对抗中有良好的控制能力，避免造成伤害事故的发生，这同时是空手道练习者武德修为的展现。

四、技法全面，讲究实效

空手道在长期历史积淀中融汇了中国武术，日本的柔道、合气道、剑道等多种武道运动项目的技击方法，形成了完备的技术体系。技法内容丰富，有踢、打、摔、拿、投、锁、绞、劈、砍以及各种腾空和跌扑翻滚等技击动作和方法，同时，各种方法的运用讲究简捷与实效性。在实战中力求以最短的时间、最佳时机准确的攻击对手，尤其以直线进攻发挥出无可比拟的优势。

五、以刚为主，刚柔并济

空手道的技术形成受中国南拳和少林拳术的影响比较大，技术风格总体上表现为刚猛激烈、硬朗明快的特点，同时也糅合了摔、绞、转、变的柔化技术在内，从而达到刚柔并济之效。

六、发声扬威，内外求整

在空手道练习中，十分注重呼吸的运用，使气息与身体的律动和精神三者形成完整的统一。在型的关键发力环节和组手的进攻过程中常伴有强烈的发声，通过声催生气力，增大攻击力量，并达到增强气势、威慑对手的目的。

七、强调传承，广泛开展

空手道十分注重其文化宗统的传承，各流派有十分严格的技术规范和行为要求。确保各流派在长期的发展过程中能正本清源不被异化。同时，也注重与现代体育精神的结合，突显标准化操作。使之能更广泛地得到推广和普及。

第四节 空手道运动的价值功能

一、健身功能

健身功能是指参加空手道的训练和比赛，对增强人的体质和健康所起到的作用。空手道是一个拳打脚踢外加摔的人体格斗类运动项目，其特殊的活动方式和运动规律对人的智能、技能、体能、心能的综合素质要求很高。大量的实践证明，经常参加空手道训练和比赛，能够提高人的观察、判断、思维、记忆、想象力，并延缓大脑机能的衰变。能够促进骨骼和肌肉的发育和生长，使骨骼变粗，骨密质增厚，提高抗弯、抗压、抗折的能力；使肌肉纤维增质增量，并改善主动肌、协同肌、对抗肌的支配力。空手道运动有氧代谢和无氧代谢大强度地频繁交替进行，能量消耗、新陈代谢加剧，能够改善呼吸系统、血液循环系统的生理机能。各种技法灵机应变的综合使用能够改善神经系统的兴奋性、灵活性，提高感知觉、反应时的能力，改善人的气质和性格等等。

二、防身功能

防身功能是指通过空手道运动的训练和比赛，掌握人体格斗技术，防止被他人伤害所起到的作用。空手道本身就是一个以人体格斗为手段，以战胜对方为目的的运动项目，教练员、运动员追求的是不断地改善技击方法的合理性，不断地提高使用技术的有效性，不断地增强身体素质的优越性，空手道运动技击对抗的本质特征，决定了在一定的条件下具有防身自卫的功能。一旦身体遭到他人的侵犯，或遇到见义勇为的社会需要，能够大义凛然地站出来，在实施具体行动的过程中，能够有效地制止或制服对方，同时能够有效地保护自己不受伤或少受伤。这种防身自卫、见义勇为的技术手段和运用能力，只要类似的不良社会现象存在，就是非常必要和必备的。但是，在进行防身自卫和见义勇为时，必须以制止或制服对方为目的，不能使对方受到大的伤害，更不能意气用事超越“正当防卫”的法律底线。

三、修身功能

修身功能是指参加空手道训练和比赛的过程中，能够对人的思想境界、伦理道德、个性特征、爱好情趣、意志品质和精神状态等起到教化和转化的作用。空手道的训练与运用承载着思想教育的信息，思想是行动的指南，行动能够转化思想，二者之间相互依存、相互影响。由于空手道是人体格斗对抗的运动项目，既能培养战胜对手、争强好胜、力争上游的精神，同时，也能够纵使争凶斗狠、欺弱无忌、江湖义气的滋生。为此，空手道鞠躬礼节和跪姿礼节的精神，非常注重品德修养，要求尊师重情、兄弟有爱、守信立义、见义勇为、谦虚礼让、克己正身、仁人志士、不理奢浮等高品位的人格境界。空手道运动能够陶冶人的情操，艰苦的训练伴随着失败和伤痛，为了取得胜利必须付出艰苦的代价，自然就能够培养人的吃苦耐劳、坚毅顽强、果断拼搏的精神，通过与不同强手的对抗，能够克服懦弱、胆怯的心理，树立敢打敢拼、打之必胜的信念和胜不骄、败不馁，永不放弃的意志品质。同时，能够在不断提高身体素质和使用方法技巧的进步中，亲身体验到空手道运动的自娱性。

第三章　空手道的技术

第一节　空手道礼节

空手道吸收中国古代儒家各佛教禅宗思想的信义、清廉、仁爱、勇武的传统文化思想、并融合日本武士道精神，形成了具有独特而鲜明的武道礼仪文化。空手道坚持“始于礼而终于礼”为训条。礼仪作为空手道的一部分，有着其严格的礼仪教育和规范。在教学、训练、竞技比赛等各种场合的礼仪规范都有明确的规定，学员必须不折不扣践行“礼”的要求。以表达对他人的尊重及保持练习者本人自身的尊严，空手道的礼仪分为两种：立式礼（即鞠躬礼）和坐式礼（即跪拜礼）。

（一）立式礼（图 1～3）

图 1

图 2

图 3

两脚并立，两脚跟并拢，两脚尖成 60°八字开立，身体正直。两手臂自然垂于身体两侧。施礼时。颈部不能弯曲，上体向前约 30°弯曲行鞠躬礼。略作一瞬间停顿后，迅速把身体返回原来的垂直状态。行礼过程中始终保持目视前方。

（二）坐式礼（图 4）

图 4

两膝弯曲跪地，两脚腕伸直与地面贴近。上身正直，沉肩坠肘，两手自然置于两大腿的上方，目视前方。两手心朝下伸向膝盖前地面，以左手、右手依次置于地面，使两掌成八字形状。臀部不能离开脚后跟，上身慢慢向正前方弯曲行拜礼。两膝的间距不能超出两个平拳的距离。上身伸直时，以右手、左手依次收回原位（右手先离地，左手后收回）

第二节　空手道站姿

1. 闭足站立

图 5

2. 开足站立

图 6

3. 平行站立

图 7

4. 外八字站立

图 8

5. 内八字站立

图 9

6. 相扑式站立

图 10

7. 基本式站立

图 11

8. 三站站立

图 12

9. 前屈步站立

图 13

10. 后弓步站立

图 14

11. 马步站立

图 15

12. 猫组步站

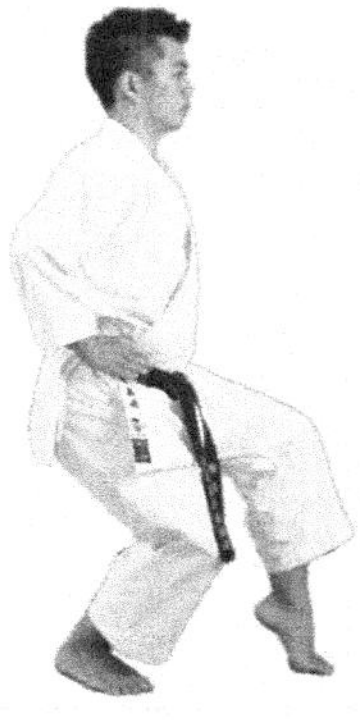

图 16

13. 交叉步站立　　14. 半月水平站立　　15. 半月垂直站立

图 17

图 18

图 19

第三节　空手道手的基本技术

一、上段击技术

（一）前手拳（图 20～22）

以左架站立为例：（1）在右脚蹬地发力的同时，左脚往前迈一大步，同时腰部扭转带动左臂快速前伸，拳心向下方转动，同时重心前移，左拳握紧呼气发力，直线击中，以拳面击打对方上段，力达拳峰，目视前方；（2）寸止回收左拳，同时左脚落地，做到“拳到脚到”，右手做出积极防守动作，随时保持警惕心。

图 20

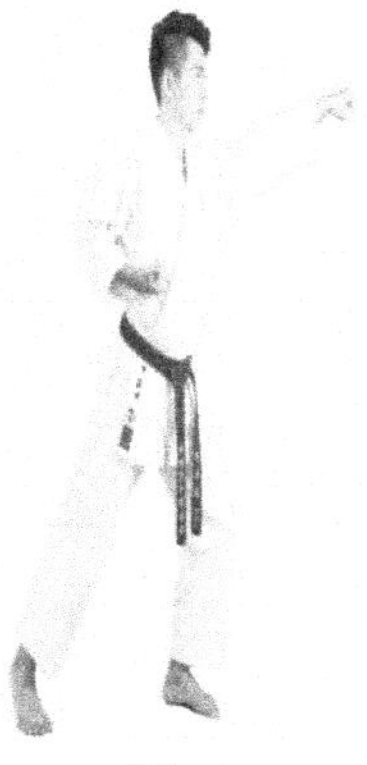

图 21

图 22

要点：目视对手，后脚蹬地发力，身体与拳要像离弦的箭一样，重心积极跟上，前脚与拳打完回收腰间是同步的。整个动作连贯，轻快而有弹性。

（二）背手拳（图 23～26）

以左架站立为例：（1）两腿前后开立，身体微左转，同时左手握拳，置于左肩前上方，拳心向内，左臂屈肘上提，右手握拳收于腰部；（2）同时左臂以肘关节为轴，横向用拳背面由内向外击打对方上端；（3）寸止回收。

图 23

图 24

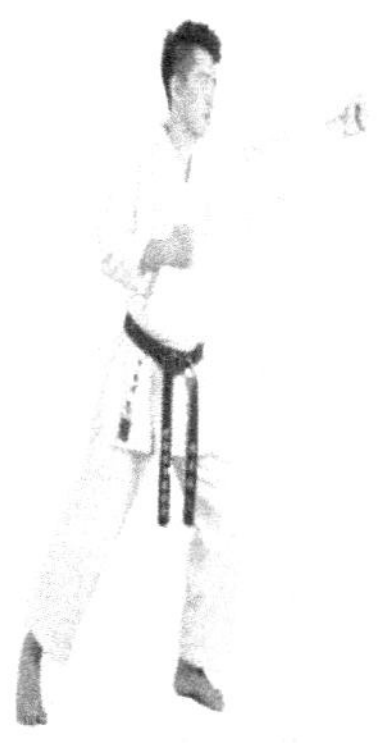
图 25

图 26

要点：上臂带前臂，动作连贯，迅速。以腰带动前臂，由内向外发力短促有力，鞭打甩拳。

（三）背刀（图 27～30）

以左架站立为例：（1）两腿自然前后开立，右手臂肘关节有一定弧线，4 指伸直，大拇指内扣平整，力点在以食指第三关节（掌指关节）为中心的掌内侧，这也是像“刀”那样用于攻防，拇指更要向掌心卷曲；（2）横向由外向内击打对方上段。（3）寸止回收。

图 27

图 28

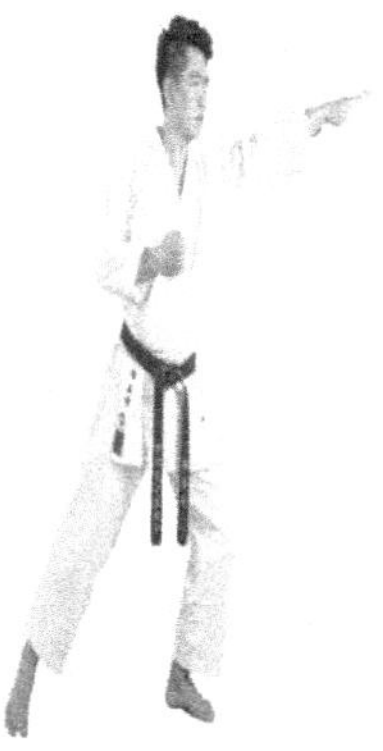
图 29

图 30

要点：腰向左侧拧动，肘适当弯曲，带动前臂横向由外向内发力。

（四）上段后手拳（图 31～33）

以左架站立为例：（1）右脚蹬地，重心前移，同时利用腰转动身体并协调右臂前伸，右拳内旋，右臂快伸直时，右拳像弹簧一样击出，直线击中对方上段，左拳往后回拉，步伐积极向上跟上；(2) 最后寸止回收，同时左手做出积极防守动作。

图 31

图 32

图 33

要点：发动顺序为拳起，肘随，肩催。右拳冲击时，重心移至左腿，膝关节要保持弹性，上体不要过前伏，脸部正对前方。蹬腿时右脚后跟提起并外转，向左拧腰送右肩。

二、中段击技术

(一) 中段后手拳 (图 34～37)

以走架站立为例：(1) 左脚向侧方前迈出、屈膝、重心下沉，右脚蹬地发力，形成左弓步，前脚稍微内扣，利用腰髋的转动来带动右手拳紧贴身体直线出击对方中断；(2) 然后再利用腰的转动和左脚向回的蹬力带动右手拳快速收回腰际，并积极做好防守动作。

图 34

图 35

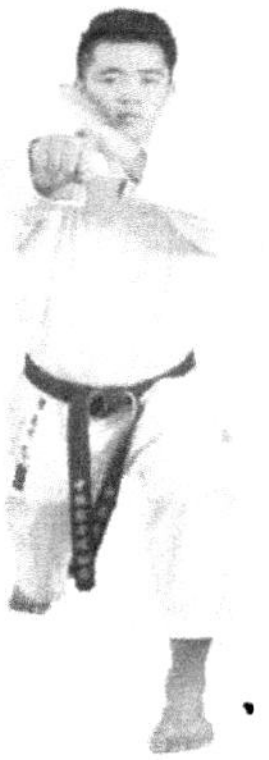

图 35

图 35

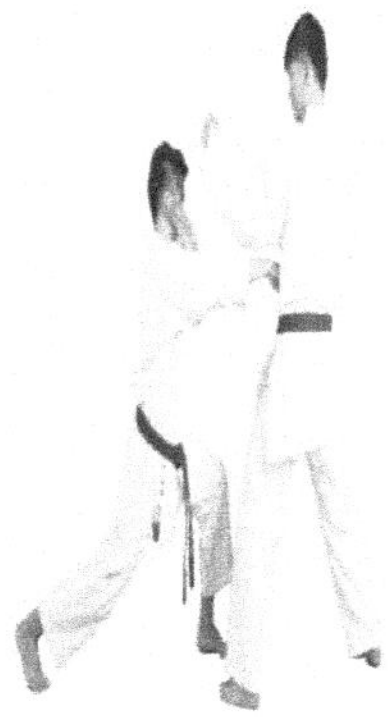
图 36

图 37

要点：屈膝下降重心，转腰送肩，由腰带动手臂直线发力，快速地击打对方腹部。

第四节　空手道腿的技术

一、中段踢技术

(一) 前踢（图 38～42）

以左架站立为例：(1) 左脚支撑，膝部微屈，以左脚的前脚掌为轴，脚后跟随身体向外旋转，右脚同时向中线快速提膝，脚背面绷直，足趾往上翘，突出虎趾部，双手握拳自然护于胸部；(2) 继续将髋关节前送，在左脚用力蹬地的瞬间，呼气发力，踢击目标，发力点在虎趾部；(3) 右腿踢出后迅速回收，折叠大小腿；(4) 还原到正确的预备构架。

图 38

图 39

图 40

图 40-1

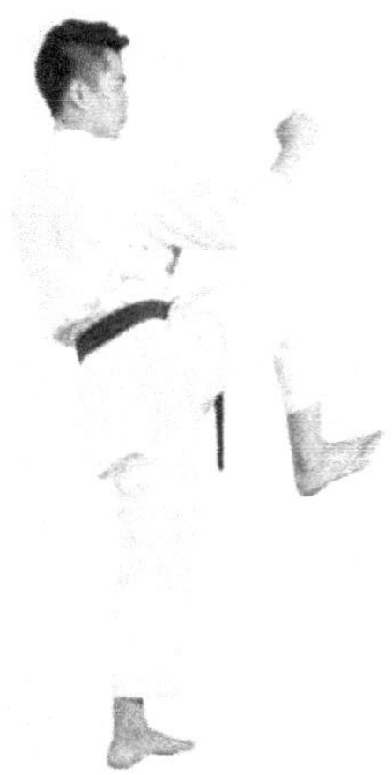

图 41

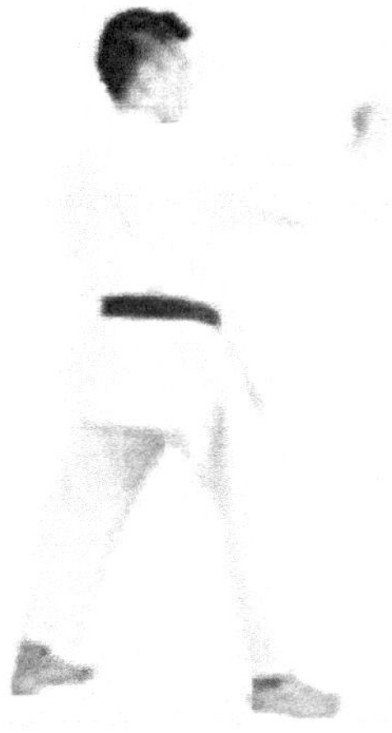

图 42

要点：直线向中线提膝，大小腿折叠；为保持重心，躯干可稍向后倾，尽量将髋部向前送出，用虎趾部踢击目标。

（二）侧踢（图 43～46）

以左架站立为例：（1）右腿稍屈支撑，左腿屈膝抬起，脚尖勾起，膝关节置于心窝前；（2）支撑脚朝前，然后以支撑腿为轴，向后方转动，随着支撑脚的转动，展髋，膝关节与大腿平行，快速有力的踢击目标，力达右脚后跟或脚的外侧边缘，上体稍侧倾；（3）右腿踢出后迅速回收；（4）还原到正确的预备构架。

图 43

图 44

图 45

图 45　　图 46

要点：上体、大腿、小腿、脚掌成一条直线，展髋，挺膝，大腿推动小腿直线向前发力。

（三）后踢（图 47～50）

（1）以左架站立为例；（2）左脚稍屈支撑，以左脚为轴，左脚跟内旋，身体向右后方转动，右腿屈膝抬起，使大小腿尽量折叠，右脚后跟尽量贴近左腿内侧，收髋转头看目标；

（3）右腿勾脚尖、勾脚踝、屈膝向目标踢击，要求髋部、脚跟和进攻目标成一条直线；（4）

右腿踢出后迅速回收；（5）还原到正确的预备构架。

图 47　　图 48　　图 49　　图 50

要点：身体向后方转动时，同时要快速提膝，大小腿折叠，头部配合同向转动，调整好身体重心，动作连贯一致。

（四）中段横踢（图 51～54）

（1）以左架站立为例；（2）左腿支撑稍微屈，右腿直线提膝至腰带位置，（4）左脚向外旋转，大小腿折叠，脚面绷直，上体、髋部和折叠腿成一条直线；

(3) 右大腿制动，带动小腿快速鞭打击打对方中段部位，膝盖朝向左侧，打击点为脚背面外侧；(4) 击打后，迅速收回小腿；(5) 还原到正确的预备构架。

图 51

图 52

图 53

图 54

要点：直线提膝，大小腿折叠紧，支撑脚转动，大腿制动带动小腿，鞭打发力，力达脚背外侧。

二、上段踢技术

(一) 上段横踢 (图 55～58)

以左架站立为例：(1) 左腿支撑稍微屈，右腿直线提膝至头部位置；(2) 同时右脚向外旋转，大小腿折叠，脚面绷直，上体稍向后倒，膝关节向上；(3) 然后大腿带动小腿快速鞭打对方头部，击打点为脚背面；(4) 击打后，迅速收回；(5) 还原到正确的预备构架。

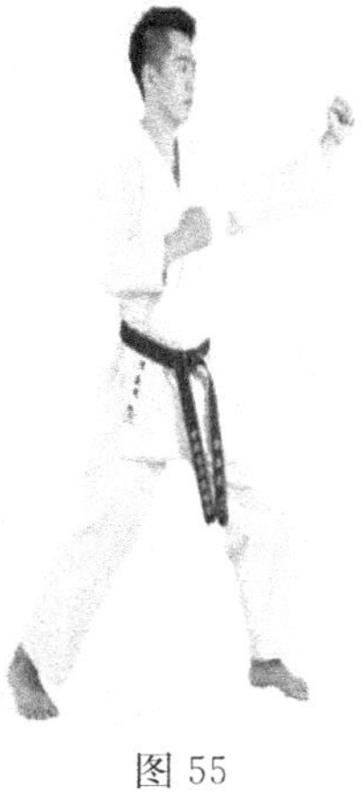
图 55

图 56

图 57

图 57

图 58

要点：直线提膝，膝关节尽量抬高，大小腿夹紧，身体可稍后仰，重心在后腿上。

（二）上段挂踢（图 59～63）

以左架站立为例：（1）右腿支撑稍屈，左腿提膝向上抬起，膝盖朝右上侧方向，大小腿折叠紧；（2）左腿抬至肩部位置时，脚面绷直，上体稍向后倒；（3）同时，膝关节发力，小腿往后折叠，左腿摆动伸展由外向内划弧发力，用前脚掌快速击打对方上段；（4）击打后。腿往下积极落地，迅速还原到正确的预备构架。

图 59

图 60

图 61

图 62

图 63

要点：提膝尽量高抬，大小腿折叠紧，利用腰、髋部力量带动小腿发力，向前回转呈半月形，力点准确，动作连贯。

第五节　空手道的摔技

一、拌腿摔（图 64～70）

两人对峙的实战姿势：（1）当对手进攻时小心防守，并迅速贴近对手，移动自己的重心，支撑腿迅速移动并贴近对手，同时手抓住对手的道服，用另一条腿挑踢起对手的支撑腿，破坏其重心；（2）顺势用力往下拉动，将其摔倒，同时用拳法击打对手的得分部位；（3）拳击打后，迅速回收拳。

图 64

图 65

图 66

图 67

图 68

图 69

图 70

二、接腿摔（图 71～76）

两人对峙的实战姿势：（1）当对手踢出后腿中段横踢时，用左手迅速格挡，右手顺势抄抱对手踢出的腿的关节处；（2）移动自己的重心，支撑腿迅速移动并贴近对手，用另一条腿挑踢起对手的支撑腿；（3）以身体为轴心转动，肩压住对手的腿将其摔倒，同时用拳法击打对手的得分部位；（4）拳击打后，迅速回收拳。

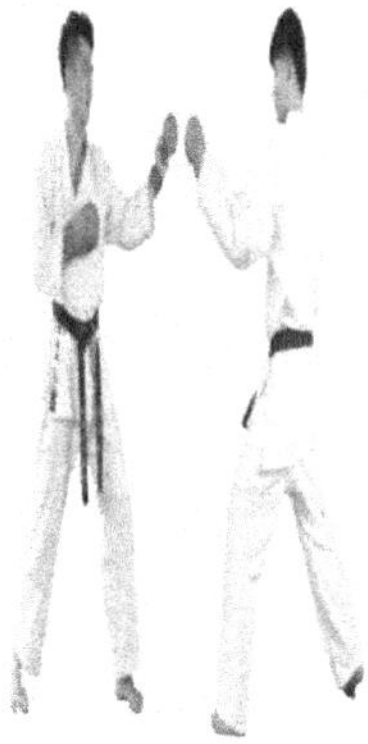
图 71

图 72

图 73

图 74

图 75

图 76

三、勾腿摔（图 77～82）

两人对峙的实战姿势：（1）主动使用上段冲拳技术迫使对手后退；（2）用自己前面的腿挡住对手前面的腿，顺势用手抓住对手的道服，用力拉动对手的重心；（3）使对手破坏重心，将其摔倒，同时用拳法击打对手的得分部位；（4）拳击打后，迅速回收拳。

图 77

图 78

图 79

图 80

图 81

图 82

四、夹背摔（图 83～88）

两人对峙的实战姿势：（1）当对手进攻时小心防守，并迅速贴近对手，后腿往对手前跨步，同时用髋关节将对手用力往上，以腰为轴心转动，顺势用力往下拉动对手重心；（2）破坏对手重心，将其摔倒，同时用拳法击打对手的得分部位；（3）拳击打后，迅速回收拳。

图 83

图 84

图 85

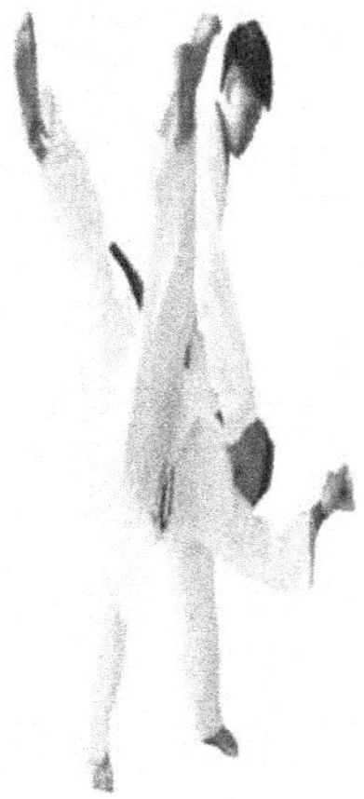
图 86

图 87

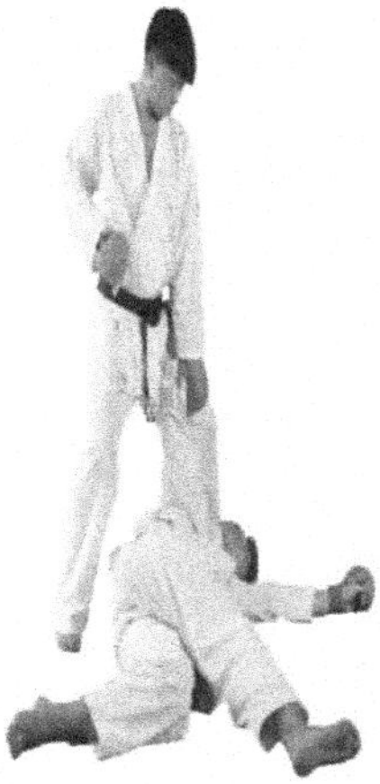
图 88

第六节　空手道组合技术

一、拳法组合

（一）前手上段+后手中段（图 89～92）

两人对峙的实战姿势：（1）后脚蹬地快，重心前移，前手拳进攻对手上段，迫使对手倒退；（2）同时，重心下沉，前手格挡，后手拳进攻对手中段；（3）拳击打后，迅速回收拳。

图 89

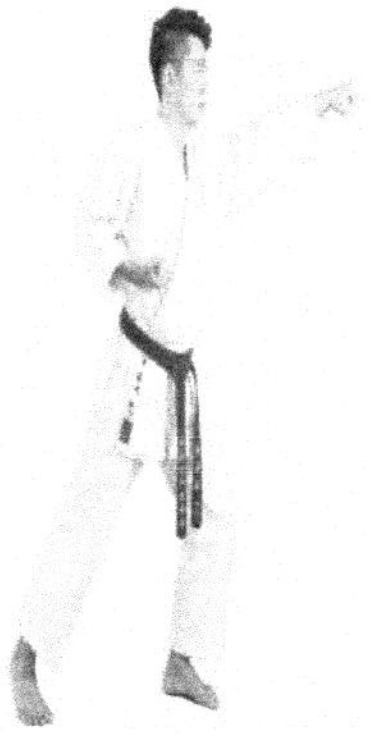
图 90

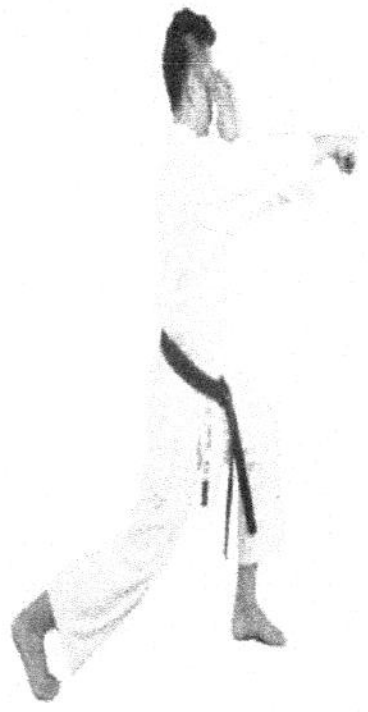
图 91

图 92

（二）后手中段＋前手上段（图 93～96）

两人对峙的实战姿势：（1）重心下沉，前手格挡，后手拳进攻对手中段；（2）同时后脚蹬地快，重心前移，前手拳进攻对手上段；（3）拳击打后，迅速回收拳。

图 93

图 94

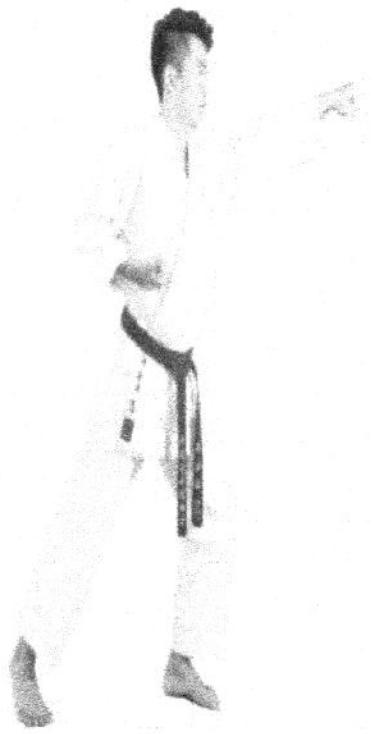
图 95

图 96

（三）后手中段＋上段裏拳（图 97～100）

两人对峙的实战姿势：（1）重心下沉，前手格挡，后手拳进攻对手中段；（2）同时后脚蹬地快，重心前移，前手裏拳进攻对手上段；（3）拳击打后，迅速回收拳。

图 97

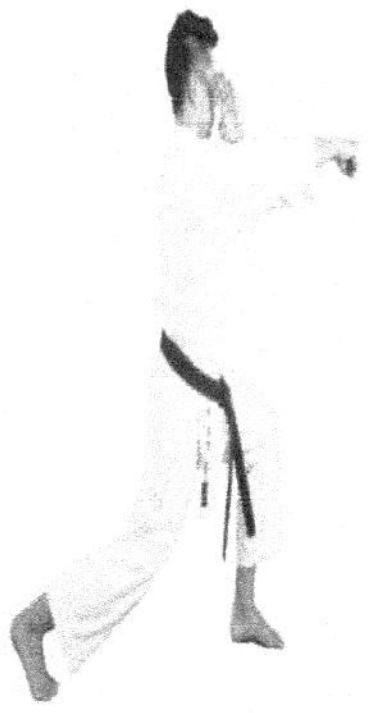

图 98

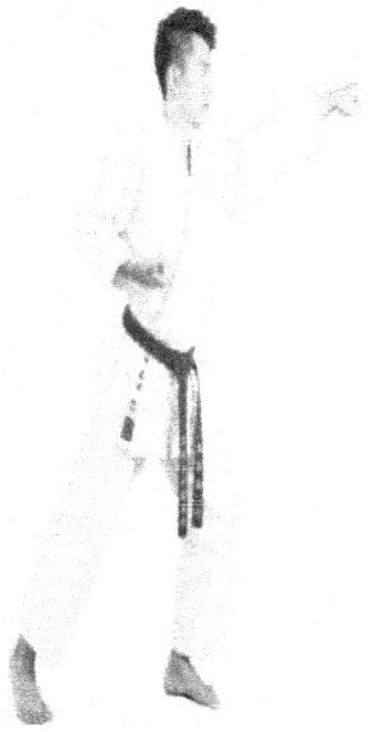

图 99

图 100

二、腿法组合

（一）中段横踢＋上段勾踢（图 101～106）

两人对峙的实战姿势：（1）横踢进攻对手腹部；（2）然后，迅速往侧面移动；（3）同时，重心放在支撑脚上，前脚挂踢进攻对手头部；（4）寸止击打落地后，还原成正确的实战姿势构架。

图 101

图 102

图 103

图 104

图 105

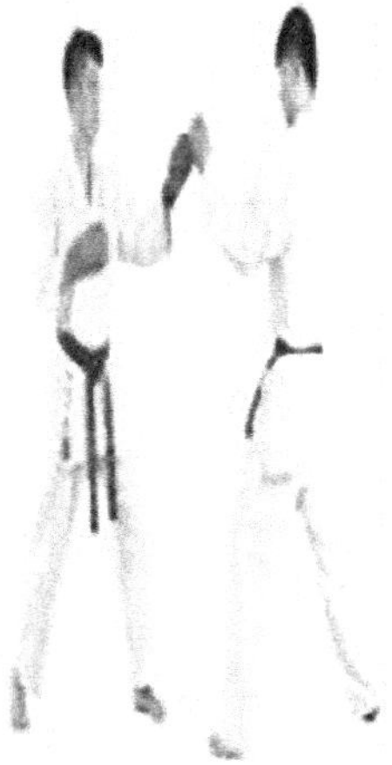

图 106

（二）中段前踢＋上段横踢（图 107～110）

两人对峙的实战姿势：（1）前踢进攻对手腹部；（2）然后重心立即移至后腿，快速前腿上段横踢踢击对方头部。（3）寸止击打落地后，还原成正确的实战姿势构架。

图 107

图 108

图 109

图 110

（三）垫步侧踢＋转身后踢（图 111～115）

两人对峙的实战姿势：（1）重心移到前脚垫步侧踢快速击打对手腹部，迫使对手后退；（2）收腿落地后重心转移至前脚后退后踢击打对方腹部；（3）寸止击打落地后，还原成正确的实战姿势构架。

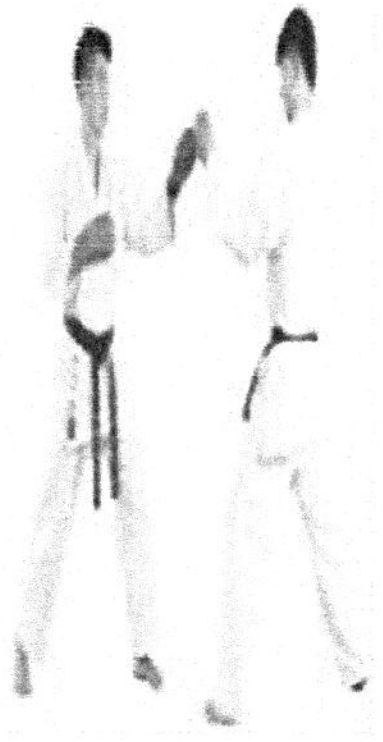
图 111

图 112

图 113

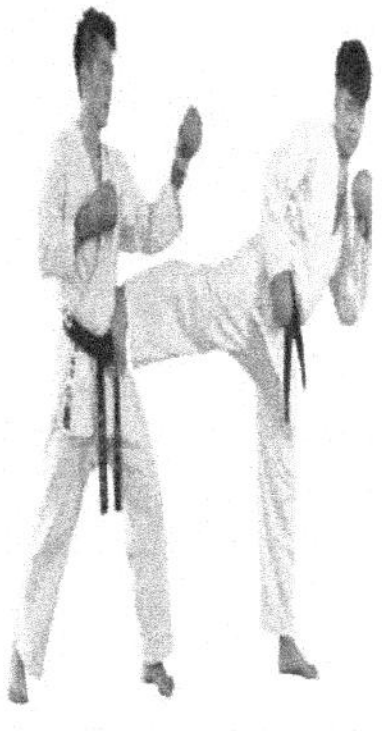
图 114

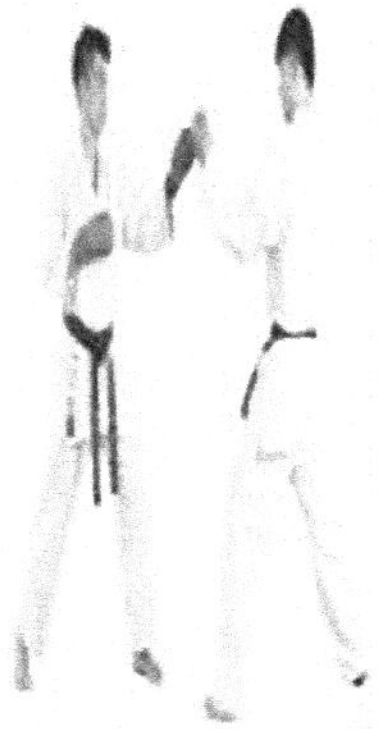
图 115

（四）后腿高段横踢＋转身后摆（图 116～120）

两人对峙的实战姿势构架：（1）后横踢进攻对方头部；（2）然后迅速转身后摆踢击对方的头部；（3）寸止击打落地后，还原成正确的实战姿势构架。

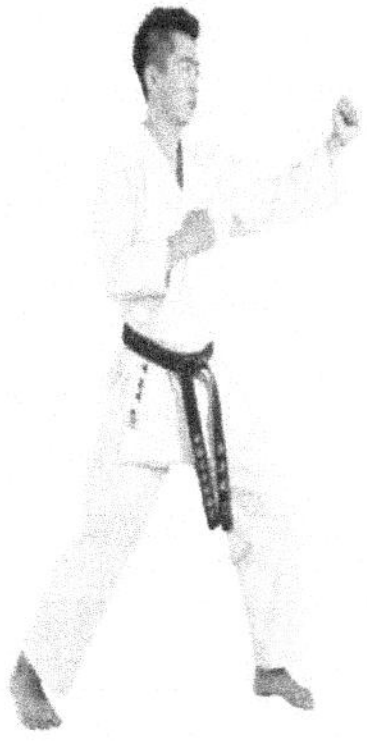
图 116

图 117

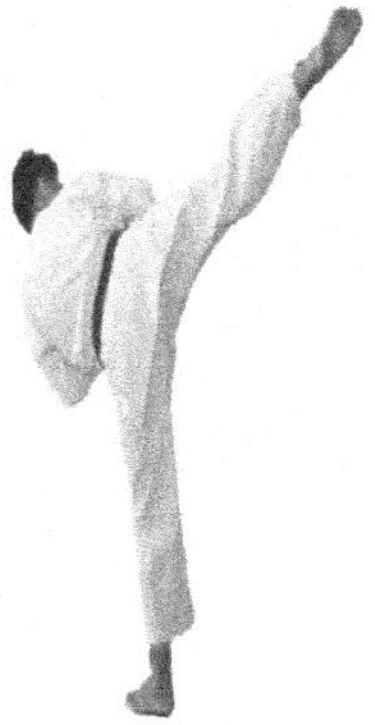
图 118

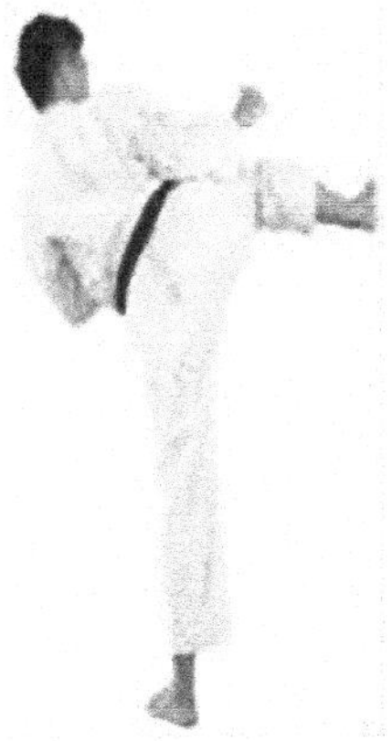

图 119

图 120

三、拳腿组合

（一）前手上段击十垫步侧踢（图 121～124）

两人对峙的实战姿势：（1）重心前移，后脚蹬地迅速，前手拳进攻对手上段；（2）然后，前手拳收回，后拳格挡对手，破坏对手重心；（3）同时，往侧面跨步，侧踢进攻对手的上段；（4）还原成正确的实战架构。

图 121

图 122

图 123

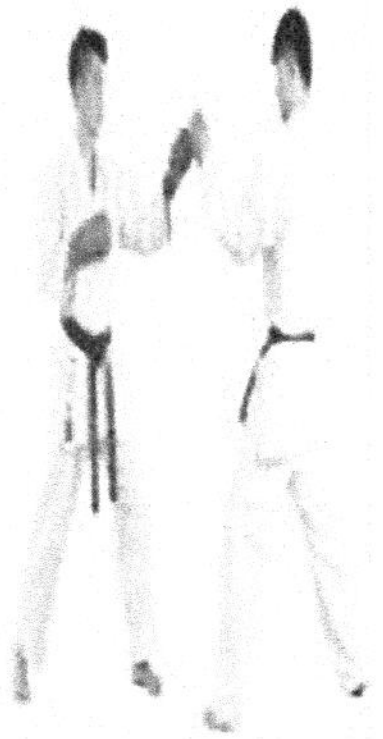

图 124

（二）后手中段击十撤步上段踢（图 125～129）

两人对峙的实战姿势：（1）重心下沉，前拳格挡，后手拳进攻对手中段；（2）同时，迅速向侧移动上段横踢踢击头部，连续进攻动作紧凑；（3）还原成正确的实战架构。

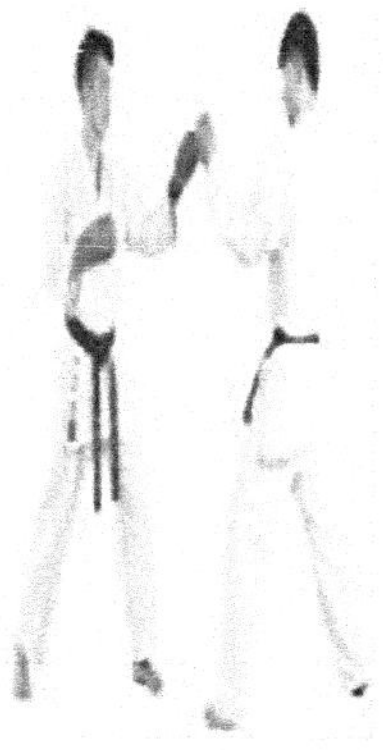
图 125

图 126

图 127

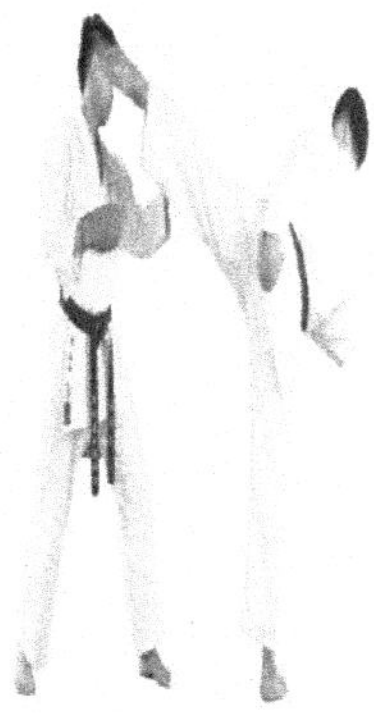
图 128

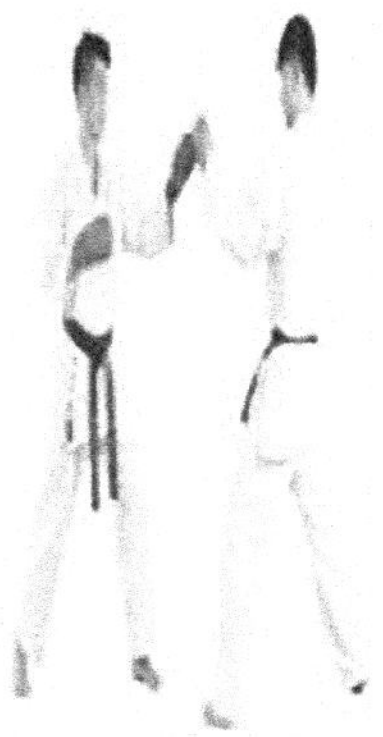
图 129

（三）前手上段击＋前腿勾踢（图 130～134）

两人对峙的实战姿势：（1）后脚快速蹬地重心前移，用前手拳击打对方的头部；（2）然后迅速调整前腿勾踢踢击对方的头部；（3）还原成正确的实战姿势架构。

图 130

图 131

图 132

图 133

图 134

（四）后手中段击＋撤步转身后踢（图 135～139）

两人对峙的实战姿势：（1）重心下沉，前拳格挡，后手拳进攻对手中段；（2）同时向后撤步进行转身后踢踢击头部，同时动作紧凑；（3）还原成正确的实战姿势架构。

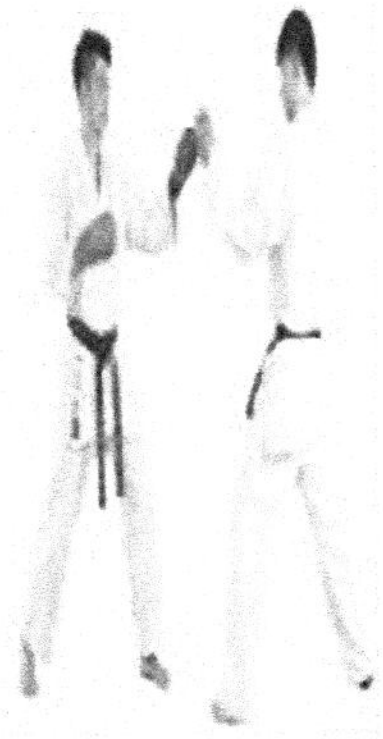

图 135

图 136

图 137

图 138

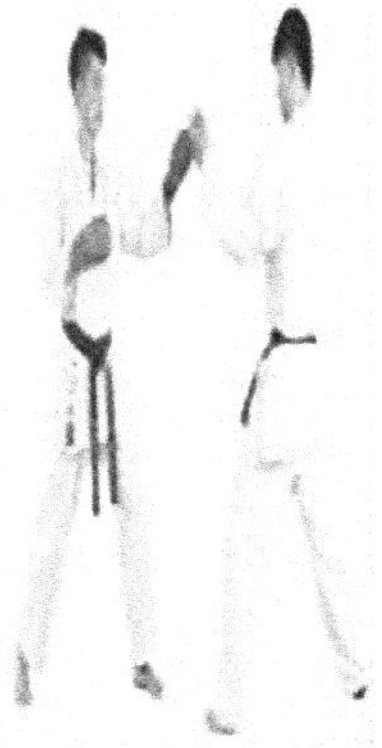

图 139

四、拳腿摔组合

（一）前手上段击＋后腿横踢＋勾摔（图140～144）

两人对峙的实战姿势：(1) 后脚快速蹬地重心前移，用前手拳击打对方的头部；(2) 然后横踢进攻对方腹部；(3) 迅速撤步用前腿进行勾摔使重心偏移将其摔倒击打对方；(4) 击打过后还原正确的实战姿势构架。

图140

图141

图142

图143

图144

（二）后手中段＋前脚后勾踢＋勾摔（图145～149）

两人正确的实战姿势：(1) 重心下沉，前拳格挡，后手拳进攻对手中段；(2) 同时前手格挡前脚勾踢踢击头部；(3) 迅速撤步用前腿进行勾摔使重心偏移将其摔倒击打对方；(4) 击打过后还原正确的实战姿势构架。

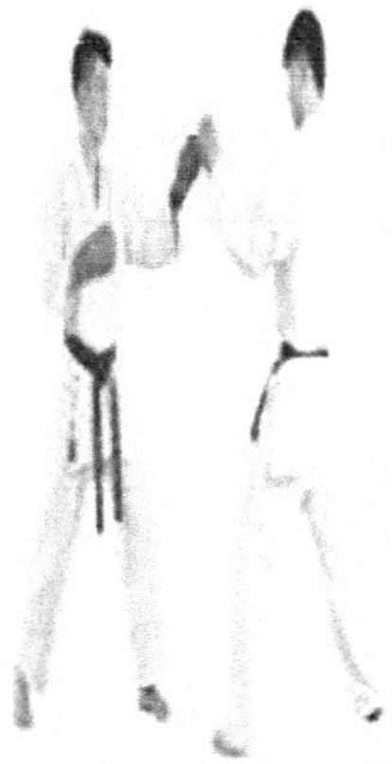
图 145

图 146

图 147

图 143

图 144

第七节　组手的基本站姿

组手基本站姿有两种，准备式和实战式。实战式是指在空手道比赛中运动员运用技法进攻或防守时的预备动作。

一、准备势（图 150）

两脚开立，约与肩宽，两脚平行，两脚尖朝前；双臂自然下垂微屈，并置于体前，双手握拳，两拳眼相对；上体正直，目视正前方。

要点：两腿平行站立，两脚间距离约与肩宽，挺胸收腹，精神饱满。

图 150

二、实战势（图 151～152）

以左站架为例，两脚前后站立，约与肩宽，左脚前脚掌支撑，脚尖斜向前方 45°，后脚偏向右侧，脚跟抬起，并蹬地发力，重心落于两脚之间，同时，两手握拳经身体体侧抬起，左臂弯曲约 135°并握拳于下颚高度，右臂弯曲约 45°并握拳于腰带上部，身体侧对前方，下颚回收，目视前方。

要点：其姿势较低，气下沉，重心控制在两脚之间，两脚不要站在一条直线上，应站在直线的两侧，以保持身体平衡，使身体时刻处于待发状态。紧腰。收腹、含胸，上身正直，全身放松，防守严密，移动方便，进攻灵活。

图 151

图 152

第八节 空手道比赛的步法

一、前滑步：实战姿势站立，后脚蹬地，前脚向前上半步，落地时前脚脚掌先着地，紧接着后脚再向前跟半步。

要点：移动时两脚距离保持不变，两脚离地不要太高，滑步要快，重心平稳，跟步快。

二、前跃步：实战姿势站立，两脚同时蹬地向前移动，动作完成后保持实战姿势站立。其动作路线与前滑步一致。

要点：启动时，重心平稳；前移时，两脚同时向前用力。

三、后滑步：实战姿势站立，前脚蹬地，后脚先后退半步落地时脚掌先着地，随之前脚向后跟半步，落地后保持实战姿势不变。

要点：后脚退步距离不宜过大，要借助蹬地的反作用力加快移动速度，重心平稳。

四、后跃步：实战姿势站立，两脚同时蹬地向后移动，动作完成后保持实战姿势站立。其动作路线与后滑步一致。

要点：启动时，重心平稳；后移时，两脚同时向后用力。

五、左侧移步：实战姿势站立，后脚蹬地，前脚向左侧方上步，后脚随之跟上使身体重心向左移动离开原来的位置，动作完成后保持实战姿势站立。

要点：向左侧移动要迅速，身体放松，重心平稳。

六、右侧移步：实战姿势站立，后脚蹬地，前脚向右侧方上步，后脚随之跟上使身体重心向右移动离开原来的位置，动作完成后保持实战姿势站立。

要点：向右侧移动要迅速，身体放松，重心平稳。

七、跳换步：以左实战姿势为例，前后脚同时离地，以腰部力量带动双脚位置互换，落地后成右实战姿势站立。

要点：身体放松，换步要灵活，弹跳不宜太高，重心平稳，以腰的力量带动双脚完成换步。

第九节 步法的练习方法

一、单练与组合相结合

在初学时应在实战姿势的基础上练习步法，每学完一种步法以后，个人必须通过自己的反复练习，反复揣摩，体会要领和攻防含义，巩固技术。开始可专门练习一种，不要急功近利，只要求注重步法与身体协调配合及正确的动作规格就可以了，待熟练掌握单个步法动作后，将几种方法进行随机组合，数量由少到多进行练习，通过这种练习来提高步法的衔接能力，以适应实践中的各种变化。

二、结合攻防动作练习

步法移动的目的是为了更加有效地进攻或防守反击。因此，结合攻防动作进行步法练习，是提高步法移动实效性的主要方法，也是提高上下配合、整体协调的重要手段。同一个后手拳，也可以结合进步、退步或者左右侧移等进行练习，以便适应比赛的各种情况。

三、结合信号练习

教练员或同伴可以运用掌心、掌背的朝向或手指的数量，或规定的某一个动作，或利用击靶的声音或者口令，要求练习者根据信号做出相应的步法移动，既巩固了步法，又提高了反应能力。如：教练员数“1”时练习者向前移动，数“2”时练习者向后移动。再如：教练员伸出掌心时，练习者向前移动；伸出掌背时，练习者向后移动。

四、两人配合练习

两人一组，面对面保持一定的距离，分主动与被动进行练习。主动一方随意做各种步法；被动一方要根据对方的变化而变化，如：一方进步，另一方退步；一方左侧移步，另一方也左侧移步等。双方的距离应尽量保持不变。这种练习方法既提高练习者的反应能力，又提高步法移动的准确性，即距离感。

五、实战中练习

实战是运用和提高各种技术的有效方法。步法移动的时间、速度、幅度可以通过实战检验效果，也可以从中发现不足，为改进技术提供依据。

第十节　道场礼仪

一、比赛礼仪

空手道实战比赛中采用站立礼，双方运动员站在赛场中央，相距约 4 米向正面主席台行礼后，再彼此面对站立，互相行礼。施礼时目视对手方向，既表达对对手的尊重，也有着保持戒备、防止对手偷袭的现实意义。

二、礼语内涵

OSU 是押和忍的缩写，意为推和忍耐，即强化自己的忍耐走向强大。OSU

精神是空手道训练中的首要精神，它代表尊重、感激和耐心。尊重、感激的精神表现为对自我的尊重和学员、教练的尊重。在训练时竭尽全力的练习。让自己去接受刻苦的锻炼。这种自我尊重的精神迁移至对他人的尊重，对教练之职衔，如“前辈”“老师”“师范”等的尊称，以及进入道场、练习完毕、回应教练等每个环节都要行礼并大声说“OSU”，这是你对道场学员、教练及自我尊重、感激的精神。忍耐的精神，它代表着耐心、决心以及坚持。在严格的身心修炼当中，应培养坚忍不拔，不为逆境所困、勇于挑战自我极限和绝不放弃的性格力量，从而激发自己的真正潜能。这种性格力量源于刻苦的训练，从而将自身推向忍耐的极限，在任何的痛苦压力下坚持的精神。这就是“OSU”精神。

三、礼节要求

练习者入、出道场时均应行鞠躬礼。入道场后先正坐，行坐礼。在开始练习前，师生应共同向道场内的国旗、空手道标志、开祖像行礼，然后师生互相行礼。在同伴共同练习前后，双方也应行礼。当进入或离开道场时，须面向道场行礼同时说“OSU!”，象征对道场及道场教练、学员的尊敬。当迟到进入道场时，应先在道后旁面向后方跪坐，直至教练允许进场，方可站立，然后面向前方行礼及说“OSU!”才可从最后排列。对教练要使用敬语进行称呼，如先辈、教练、师父等尊称。训练休息时间，后辈如有疑问可向教练或先辈提出。教练与先辈必须正确回答，回答结束，后辈应向先辈致谢，并说“OSU!”。

第四章　空手道的基础型

一、平安初段（图 153～186）

图 153
直立，打开足尖，足跟并拢，两手伸直，在大腿外侧并拢

图 154
敬礼，上肢向前屈约 40°，目视对方

图 155
还原成直立姿势

图 156
右脚横向打开，八字脚站立，双手握拳，置于腹部前准备

图 157
身体左转 90°，成猫足立，左手中段外段格挡，右手上段格挡

图 158
右拳向下格挡置于胸前，同时左拳收回置于右肩

图 159

向左前方位移，成平行立，目视左方向，向左冲拳

图 160

身体右转 90°，成猫足立，右手中段外格挡左上段格挡手

图 161

左拳向下格挡置于胸同时右拳置于右肩

图 162

向右前方位移，成平行立

目视右方右手冲拳

图 163（背面）

以左脚掌为轴向后方旋转 90°

右脚向后方中位前蹴

右手向后中位外格挡

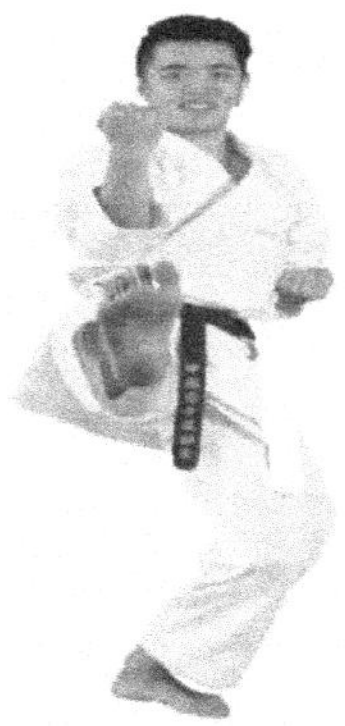

图 163（正面）

图 164

前脚落地成猫足立
左手中段手刀格挡
右手成手刀贴身置于胸前

图 165

右脚向前一步成猫足立
右手中段手刀格挡
同时左手置于胸口

图 166

左脚向前一步成猫足立
左手中位手刀格挡
同时右手置于胸口

图 167

右脚向前移一步，成基本站立，右手成手刀中段下劈同时左手变拳置于腰部

图 168

以右脚前掌为轴向斜后方旋转 180°，左脚移动斜后方成猫足立，左手中段手刀格挡同时右手成手刀置于胸前

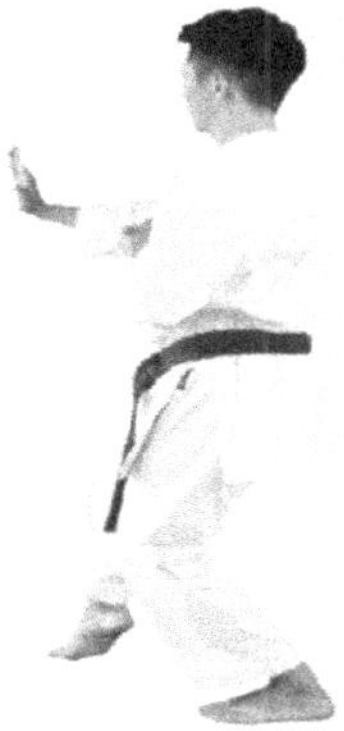

图 169

右脚向前移一步成猫足立右手中段手刀格挡，同时左手成手刀置于胸前

图 170

以左脚前脚掌为轴，向右旋转刀格左手中段手刀格挡，同时右手挡，同时左手手刀置于胸前

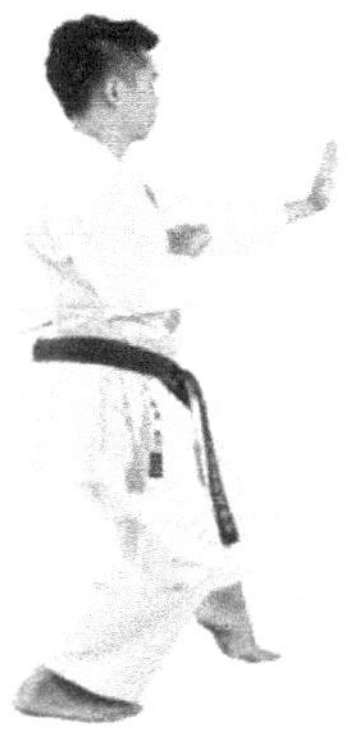

图 171

左脚向前移动一步成猫足立，本立，右手中段格挡同时手刀置于胸前

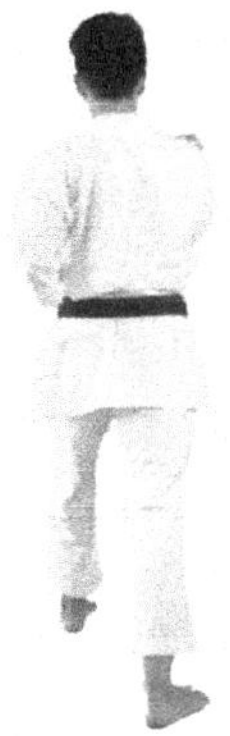

图 172（背面）

左脚向左旋转 45°成基 45°成猫足立，右手中段手左拳置于腰部

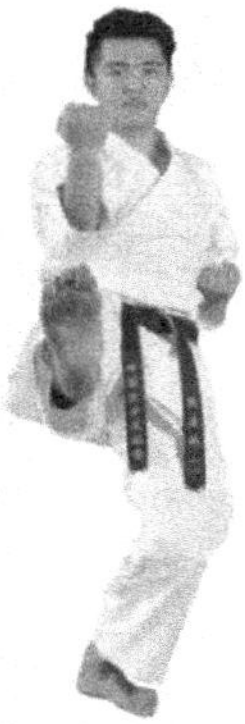

图 172（正面）

右脚中段前蹴，上肢动作保持不变

图 173（正面）

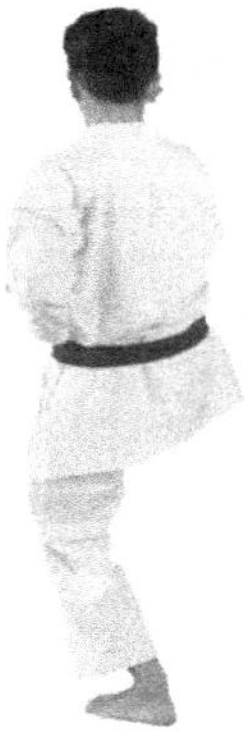

图 173（背面）

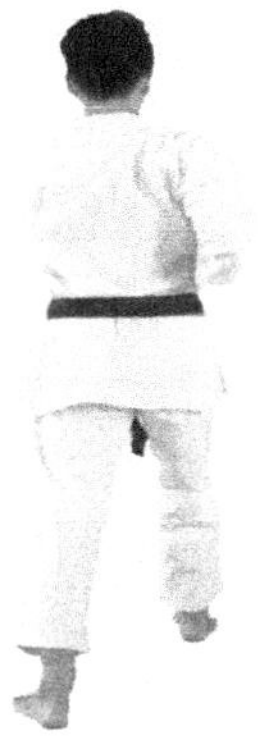

图 174（背面）
右脚向前落地成基立，左手中段冲拳，右手收拳置于腰部

174（正面）

图 175（背面）
基立保持不动，左手中段格挡

图 175（正面）

图 176（背面）
左脚中段前蹴，上肢动作不变

图 176（正面）

图 177（背面）
收脚落地成基本立，右手中段冲拳，左手收拳置腰部

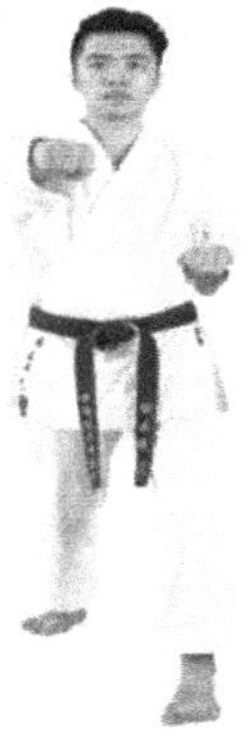

177（正面）

图 178（背面）
右脚向前一步成前屈立、双手成双格挡

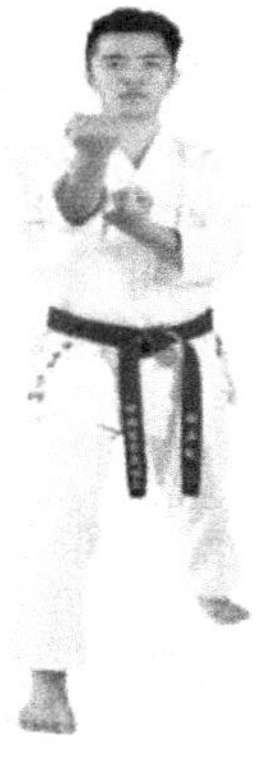

图 178（正面）

图 179
左脚向侧右方旋转 45°成前屈立，左手下格挡

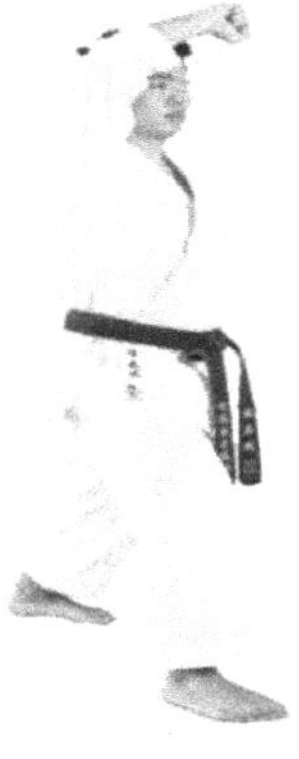

图 180
前屈立向上前一步、右手上格挡

图 181

右脚向后 90°旋转成前屈立，右手下段格挡

图 182

前屈立左脚上前一步左手上段格挡

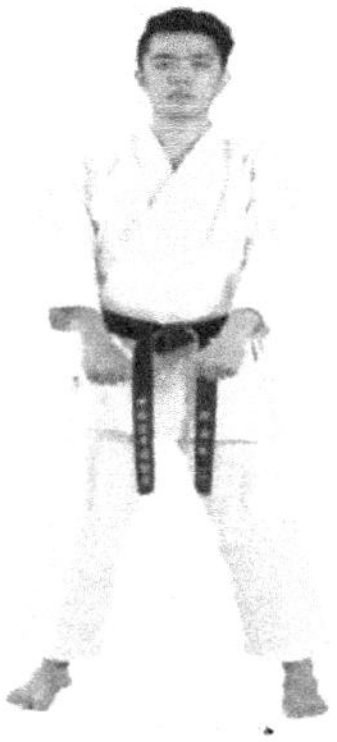

图 183

左脚收回成外八字立双拳置于腹前

图 184

打开足尖，足跟并并拢手伸直，在大腿外侧并拢

图 185

上身向下倾斜 40°

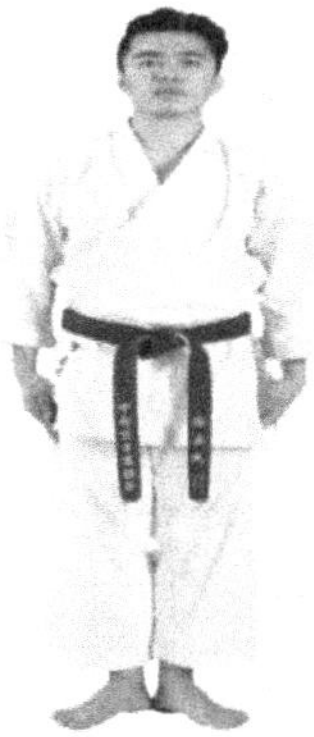

图 186

还原成立正站姿

二、平安二段（图 187～215）

图 187
直立打开足尖，足跟并拢两手伸直在大腿外侧并拢

图 188
上肢前屈 40°

图 189
还原成直立姿势

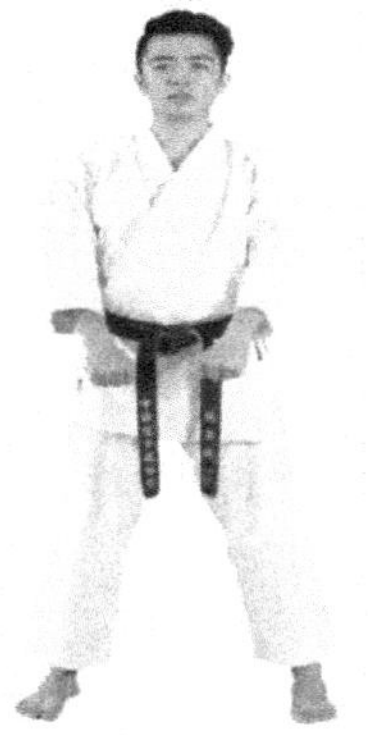

图 190
右脚横向打开，八字脚站立双手握拳，置于腹部前准备

图 191
左脚向左 90°旋转成猫足立左手里拳，右手置于腰间

图 192
右脚上前一步成基本立右手中段冲拳

图 193
右脚向后旋转 180°，成前屈立，右手下段格挡

图 194
右脚收脚成基立右手上段下击

图 195
左脚上前一步成基立左手中段冲拳

图 196
左脚向左旋转 90°成前屈立，左手下段格挡

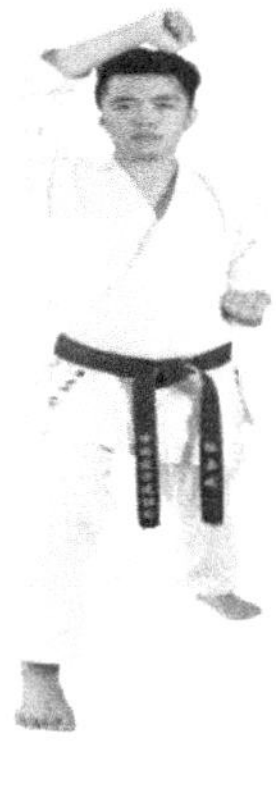

图 197
右脚上前一步成前屈立右手上段格挡

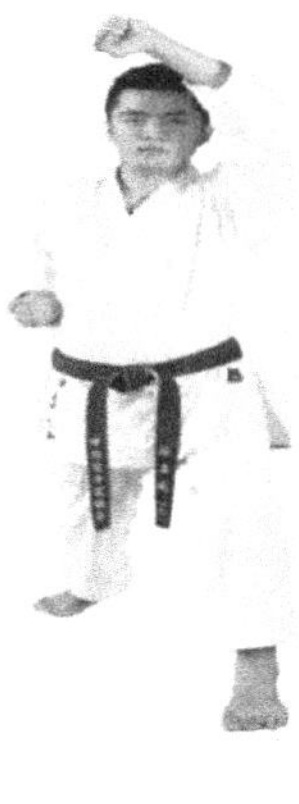

图 198
左脚上前一步成前屈立左手上段格挡

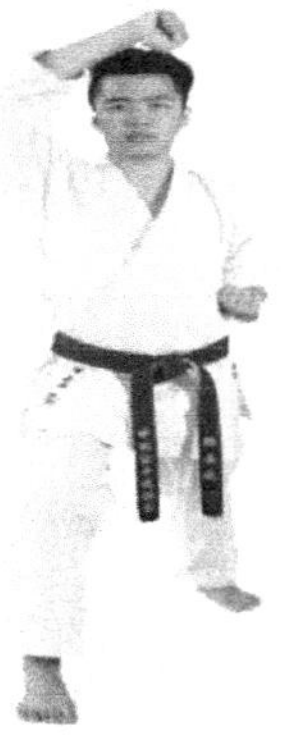

图 199
右脚上前一步成前屈立右手上段格挡

图 200（背面）
左脚向左后方旋转 45°成前屈立，左手下段格挡

图 200（正面）

图 201（背面）
右脚上前一步成基立右手中段冲拳

图 201（正面）

图 202（背面）
右脚向右旋转 90°成前屈立，右手下格挡

图 202（正面）

图 203（背面）
左脚上前一步成基立，左手中段冲拳

图 203（正面）

图 204（背面）
左脚向左旋转 45°成前屈立，左手下格挡

图 204（正面）

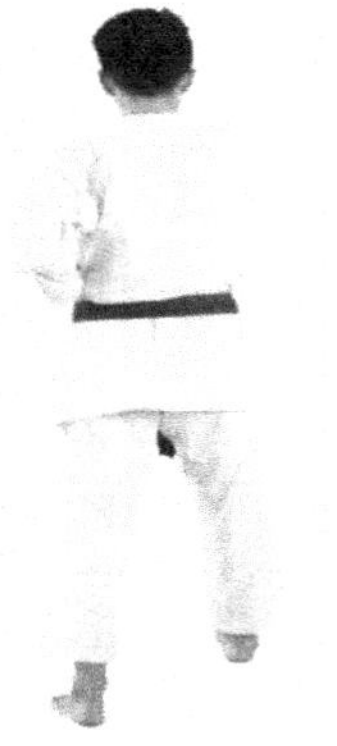

图 205（背面）
右脚上前一步成基立右手中段冲拳

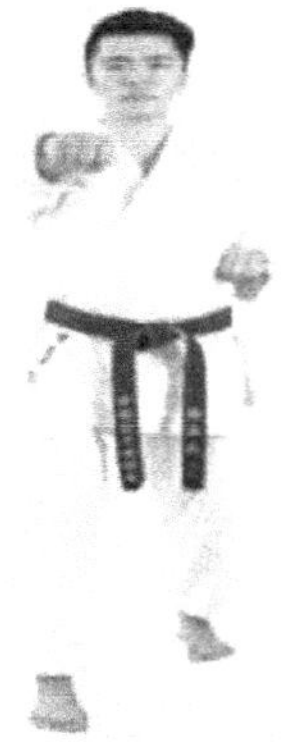

图 205（正面）

图 206（背面）
左脚上前一步成基立右手中段冲拳

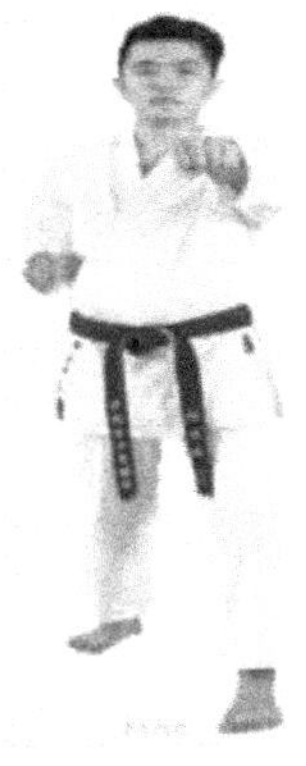

图 206（正面）

图 207（背面）
右脚上前一步基立右手中段冲拳

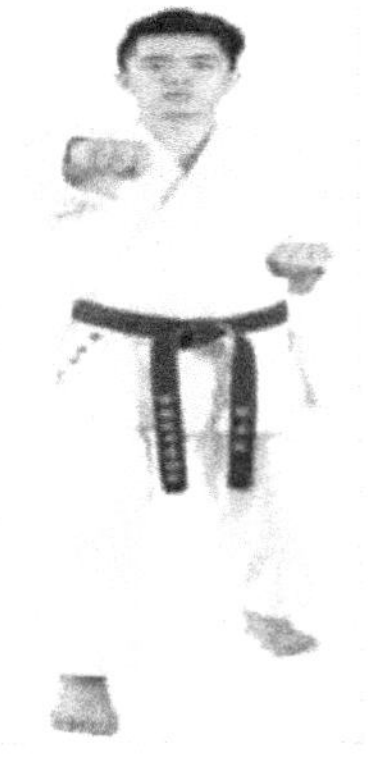

图 207（正面）

图 208
左脚向左后方旋转 45°，成四股立左手低段手刀格挡

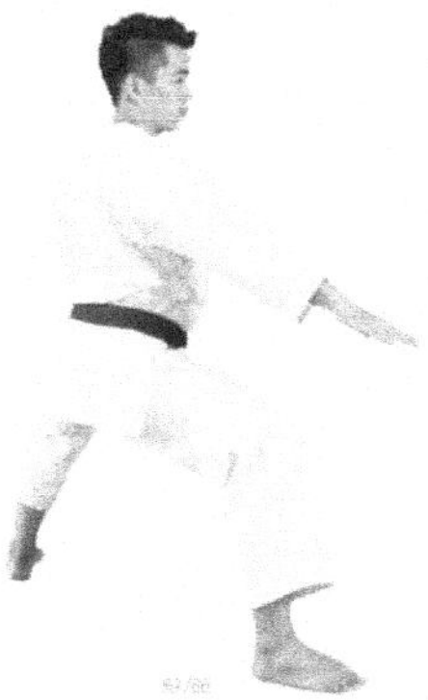

图 209
四股立上前一步右手低段手刀格挡

图 210
四股立右脚向右旋转 90°右手手刀低段格挡

图 211
四股立左脚向左旋转 90°左手手刀低段格挡

图 212
左脚收回成外八字站立

图 213
左脚收回，两脚脚后跟并拢成立正站姿，两手伸直在大腿两侧并拢

图 214
身体向下倾斜 45°

图 215
还原成直立姿势

三、平安三段（图 216～245）

图 216
直立打开足尖，足跟并拢两手伸直，大腿外侧并拢

图 217
上肢前屈 40°

图 218
还原成直立姿势

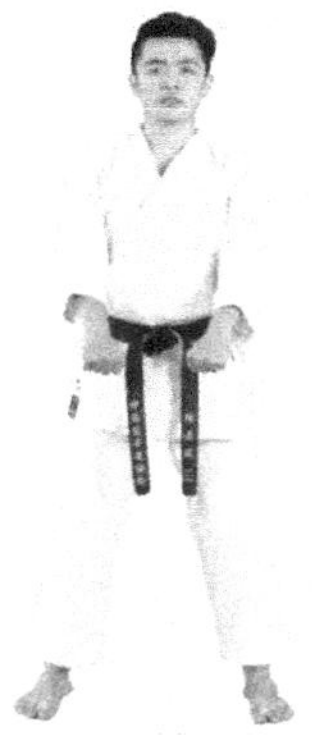

图 219
右脚横向打开，八字脚站立双拳握拳置于腹前准备

图 220
向左旋转 90°成猫足立右手外格挡

图 221
右脚向前上步成闭足立右手在上左手在下做上下格挡

图 222
闭足立左手上右手下做上下格挡

图 223
右脚向后旋转 180° 成猫足立，右手中段外格挡

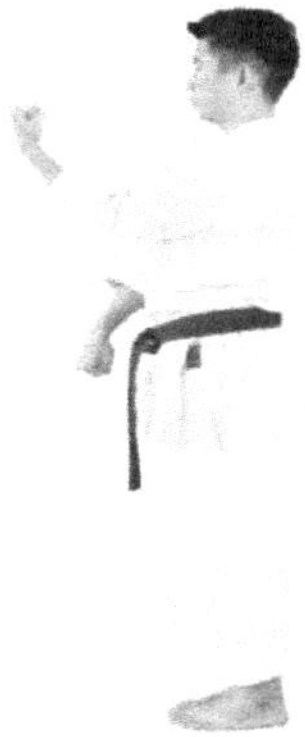

图 224
左脚上步成闭足立左上右下，做上下格挡

图 225
闭足立右手上左手下右手上，做上下格挡

图 226
左脚向右旋转 90°成猫足立，右手中段外格挡

图 227
右脚向前上步成本立右手手刀贯指

图 228
右脚向前踏出成前屈立右掌贴与腰侧部

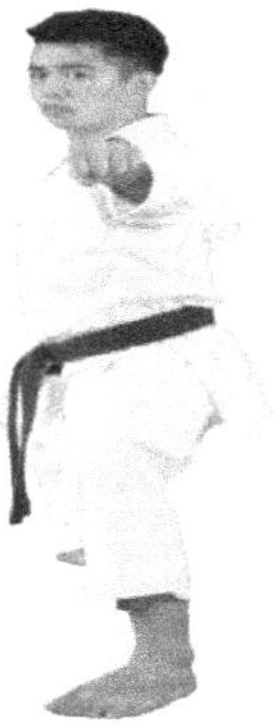

图 229
左脚向右旋转 180°成四股立，左手中段冲拳

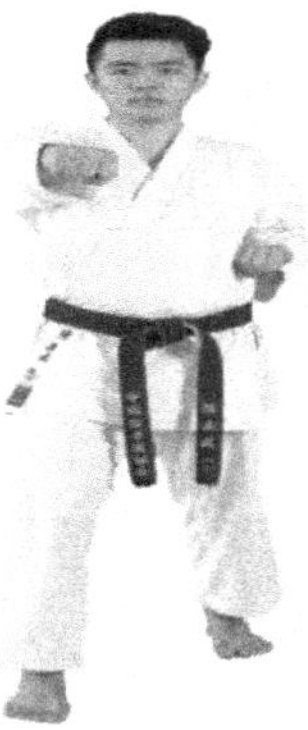

图 230
右脚上前一步成基本立右手中段冲拳

图 231（背面）
身体向左后方旋转 180°成开足立，双拳置于腰间

图 231（正 面）

图 232（背面）
右脚上前一步成四股立右肘中段内格挡

图 232（正面）

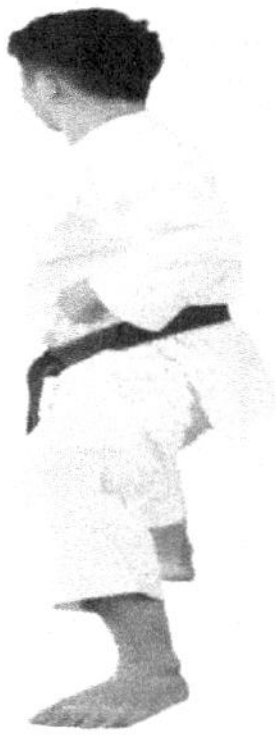

图 233（背面）
四股立右手中段冲拳

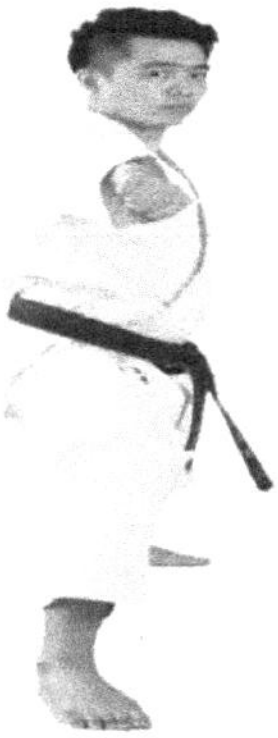

图 233（正面）

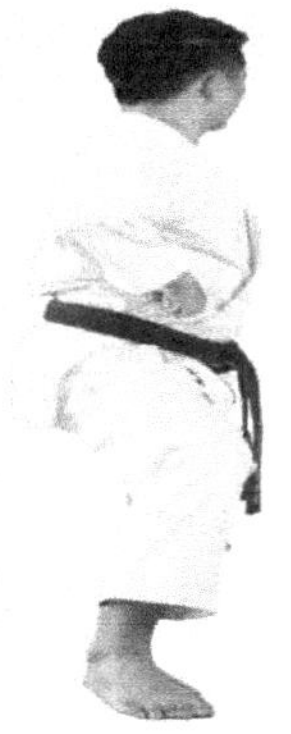

图 234（背面）
左脚上前成四股立左肘中段内格挡

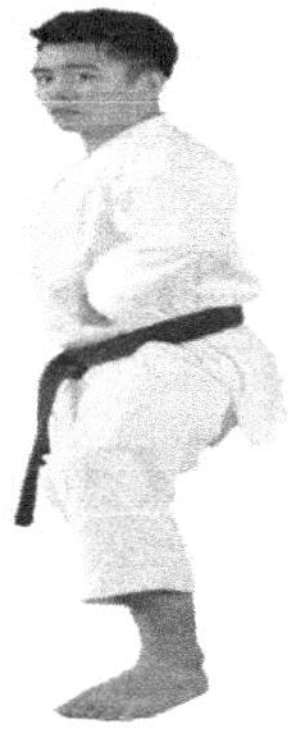

图 234（正面）

图 235（背面）
原地四股立左手中段冲拳

图 235（正面）

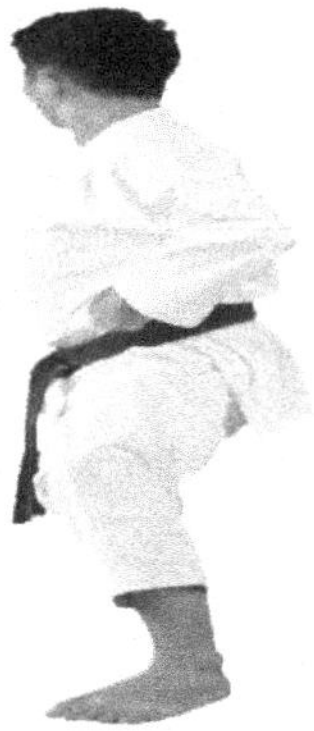

图 236（背面）
右脚上前成四股立右肘中段内格挡

图 236（正面）

图 237（背面）
右脚上步成四股立右手中段冲拳

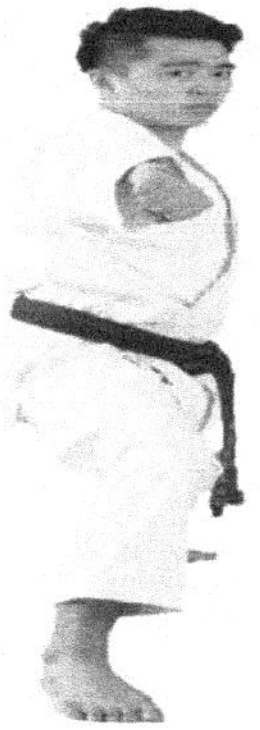

图 237（正面）

图 238（背面）
左脚上前成基本立左手中段冲拳

图 238（正面）

图 239（背面）
右脚上步成平行立左手握拳置于右肩前

图 239（正面）

图 240
平行立，左手平击肘

图 241
平行立，右脚水平向右上步，左肘平击肘

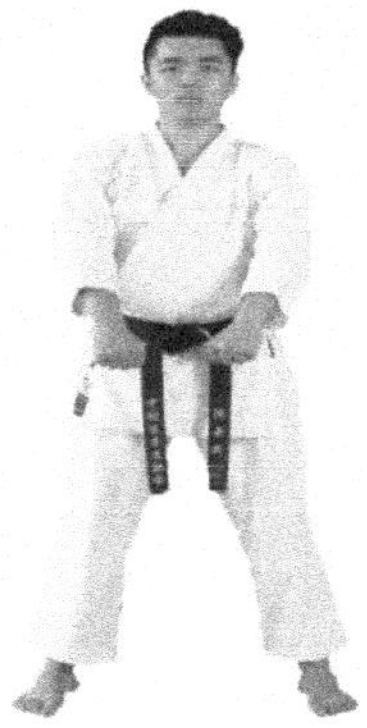

图 242
左脚向右水平移动双手握拳置于腹部

图 243
右脚向左脚并拢成开足立

图 244
身体向下倾斜 45°

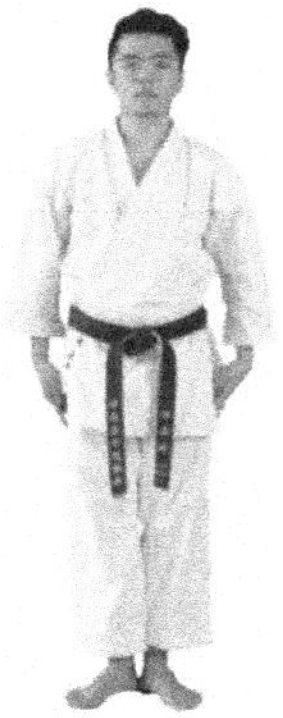

图 245
还原成直立姿势

四、平安四段（图 246～283）

图 246
直立打开足尖，足跟并拢两手伸直，在大腿外侧并拢

图 247
上肢前屈 40°

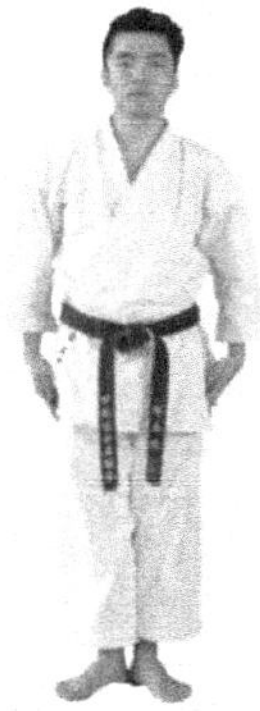

图 248
还原成直立姿势

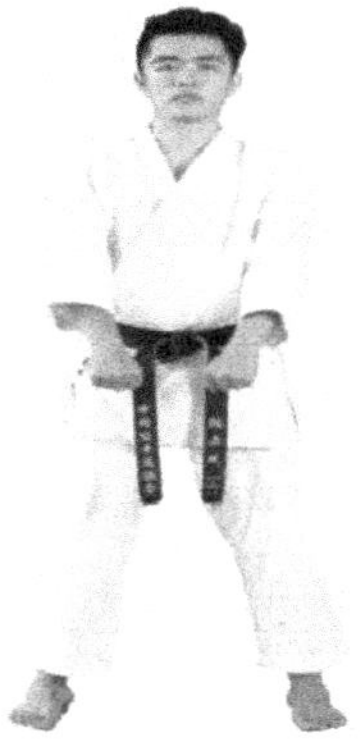

图 249
右脚横向打开，八字脚站立双拳握拳置于腹前准备

图 250
身体左转 90 度，成猫足立左手手刀外格，右手手刀上格

图 251
身体后转 180°，成猫足立，右手手刀外格挡左手手刀上格挡

图 252
左脚向前一步，成前屈立，双手交叉格挡

图 253
左脚向右脚靠拢，成并足立，右肋下准备

图 254
身体左转 90°左脚中段前蹴左手中位横格挡

图 255
左脚落在前方成前屈立右手肘击，左手手掌贴于肘部

图 256
右脚向左脚靠拢成并足立，左肋下准备

图 257
身体右转 90°，右脚前蹴右手中段横格挡

图 258
右脚落在前方，成前屈立左手肘击，右手手掌贴于肘部

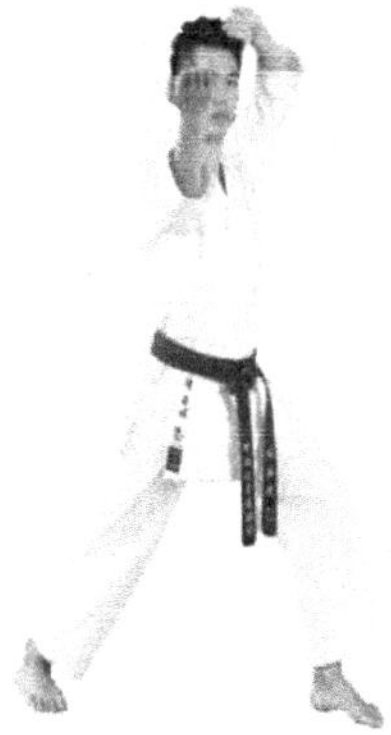

图 259
身体旋转 90°双脚变为左腿前屈立左手上格挡，右手上段手刀击打

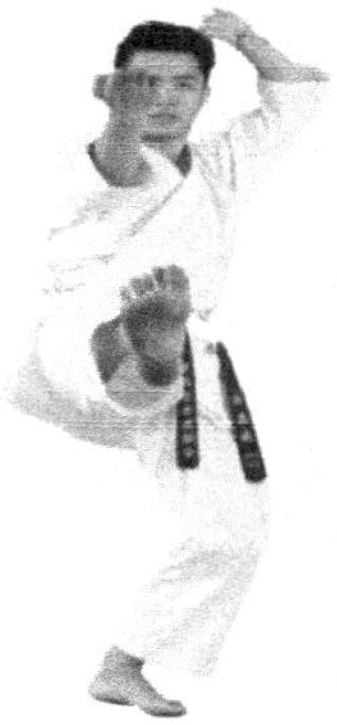

图 260
右腿中段前蹴，双手不变

图 261
落脚在前，成交叉立右手中位格挡

图 262
步法不变，右手高位拳背击打

图 263（背面）
左脚斜后方旋转成猫足立左手中段外格挡

图 263（正面）

图 264（背面）
右腿中段前蹴，
双手不变

图 264（正面）

图 265（背面）
右脚上步落体，成基
本立右手中段冲拳

图 265（正面）

图 266（背面）
基本立站立不动
左手中段冲拳

图 266（正面）

图 267（背面）
身体右转 90°成猫
足立右手外格挡

图 267（正面）

图 268（背面）
左腿中段前蹴，上肢不变

图 268（正面）

图 269（背面）
左腿落地，成
基本立左手中
段冲拳

图 269（正面）

图 270（背面）
基本立不变，右手中段冲拳

图 270（正面）

图 271（背面）
身体左转 45°，成猫足立做左手双格挡

图 271（正面）

图 272（背面）
右脚向前一步成猫足立做右手双格挡

图 272（正面）

图 273（背面）
左脚向前一步．成猫足立做左手双格挡

图 273（正面）

图 274（背面）
步法不变，双手手刀外格挡

图 274（正面）

图 275（背面）
右脚提膝，双手下格挡

图 275（正面）

图 276（背面）
右脚落于左脚左侧成交叉立

图 276（正面）

图 277
身体左后方旋转，成猫足立左手手刀外格挡

图 278
身体旋转 90°，成猫足立右手手刀外格挡

图 279
右脚脚跟落地，上肢不变

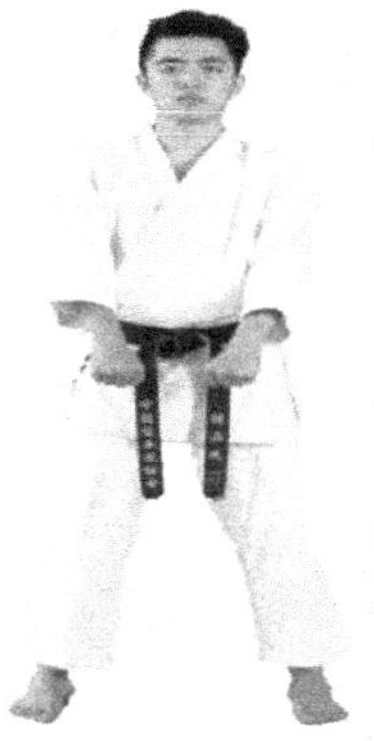

图 280
身体左转 45°，成外八立

图 281
打开足尖，足跟并拢，双手伸直，在大腿外侧并拢，上身向下斜倾 45°

图 282
还原成立正姿势

五、平安五段（图 283～313）

图 283
立打开足尖，足跟并拢，两手伸直，在大腿外侧并拢

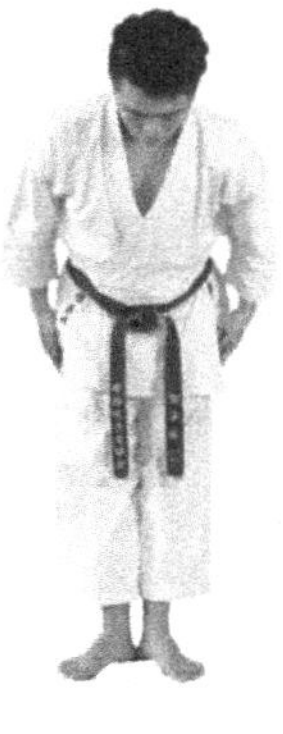

图 284
上身向下斜倾 45°

图 285
还原成直立姿势

图 286
右脚横向打开，八字脚站立
双拳握拳置于腹前准备

图 287
身体左旋转 90°成猫足立，左手外格挡

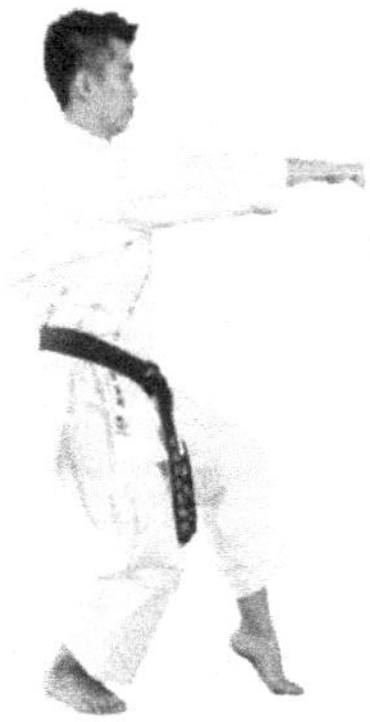

图 288
步法不变，右手中段冲拳

图 289
右脚收回，成结立，左手置于胸前，右手置于腰间

图 290
身体右转 90°，成猫足立右手外格挡

图 291
步法不变，左手冲拳

图 292
左脚收回，成结立右手置于胸前，左手置于腰间

图 293
右脚向前一步，成前屈立右手双格挡

图 294
左脚向前一步，成前屈立，双手交叉格挡。

图 295
步法不变，高位交叉手刀双格挡

图 296
步法不变，双手手刀收于右耳，做双手刀双格挡

图 297
左腿回收半步，成基本立旋转并拢双手，左上右下

图 298
左脚向前移动，成基本立，左手冲拳

图 299
右脚上步，右手冲拳

图 300（背面）
以左脚前脚掌为轴向左旋转使身体面向后方，成四股立右手低段格挡

图 300（正面）

图 301
左手上步，成基本立左手冲拳

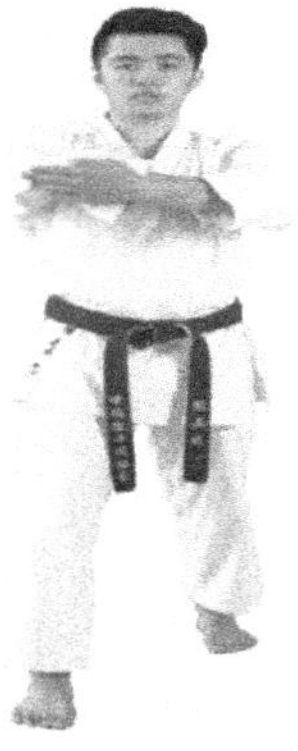

图 302
右脚上步；成前屈右手肘击左手置于右肘

图 303
左脚上步，成交叉立右手中段外格挡，左手置于右肘下方

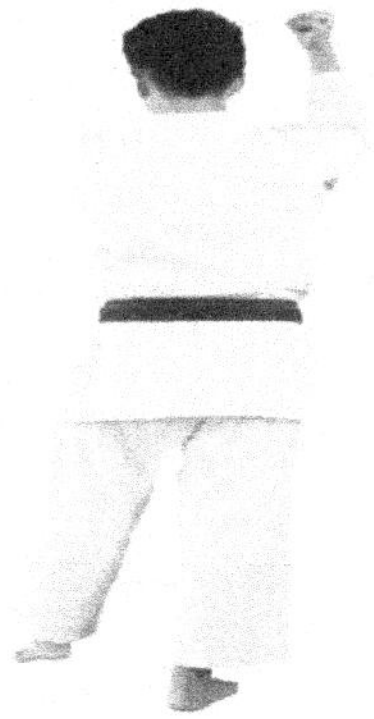

图 304（背面）
身体向后旋转 180°左脚在前右脚在后，成丁字步，右手上段外格挡，左手置于右肘下

图 304（正面）

图 305（侧面）
右脚上步，身体左转 90°成交叉立，双手下段双格挡

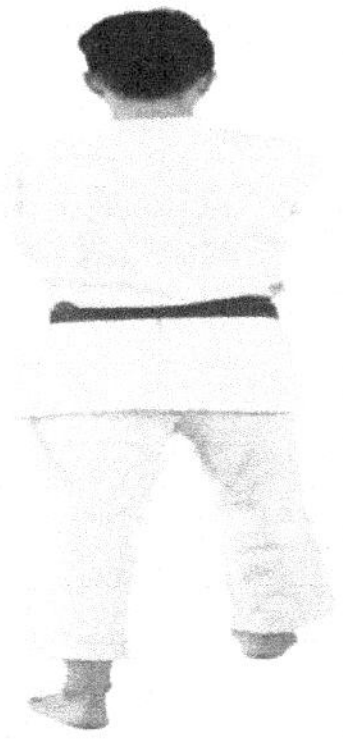

图 306（背面）
右脚上步，成前屈立右手双格挡

图 307
步法不变，身体左转 45°右手上段外格挡，左手下段格挡

图 308
左脚收回，成基本立上肢不变

图 309
身体右转，180°成前屈立左手上段外格挡右手下格挡

图 310
身体左转 45°，成外八立

图 311
打开足尖，足跟并拢，双手伸直，在大腿外侧并拢

图 312
上肢前屈 40°

图 313
还原成立正站姿

第五章　糸东流指定型

一、拔塞大（图 314～384）

图 314
直立打开足尖足跟并拢，两手伸直，在大腿外侧并拢

图 315
上身向下斜倾 45°

图 316
还原成立正站姿

图 317
双脚并拢，成并足立左手抱右拳

图 318
右腿上步，成交叉立右手中段外格挡，左手支撑右手

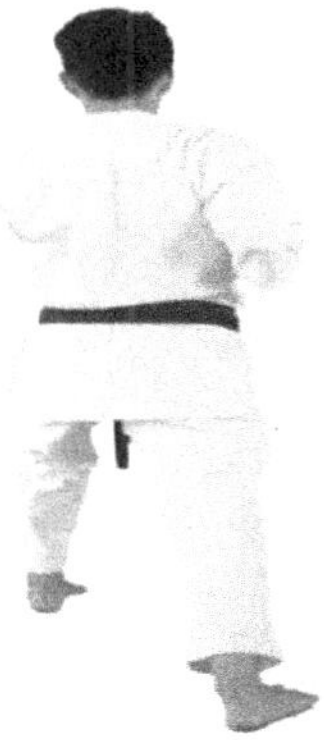

图 319（背面）
身体后转 180°。左脚后撤一步成前屈立，左手外格挡

图 319（正面）

图 320（背面）
左脚收回半步，成基本立右手外格挡

图 320（正面）
身体后转 180 度。左脚后撤一步成前屈立，左手外格挡

图 321
右脚向左位移，身体后转 180°成前屈立，左手内格挡

图 322
右脚收回半步，成基本立右手外格挡

图 323
右脚收回一步，成四股立左手中段横档

图 324（侧面）
右脚回收半步，成平行立右手上段外格挡

图 324（正面）

图 325
右脚向前半步，成猫足立右手中段内格挡

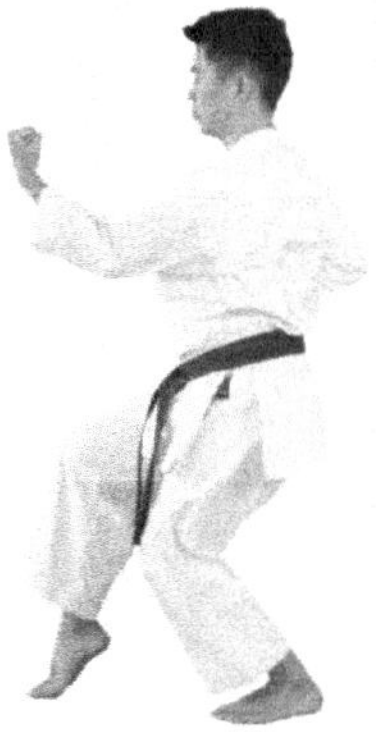

图 326
步法不变，左手内格挡

图 327
右脚落地，身体旋转 90°左手收回置于胸前

图 328
身体右转 90°成前屈立，左手冲拳

图 329
身体左转 90°，成平行立，右手冲拳

图 330
身体左转 90°，成前屈立，右手外格挡

图 331
身体右转 90°，成平行立，左手冲拳

图 332
身体右转 90°，成前屈立，左手外格挡

图 333
身体左转 90°，右脚上步成猫足立，右手手刀下格挡

图 334
左脚上步。成猫足立左手手刀下格挡

图 335
右脚上步成猫足立右手手刀下格挡

图 336
右脚收回一步，成猫足立左手反手的外格挡，右手手心向下置于心口前

图 337
步法不变，左手反手刀下压

图 338
步法不变右手推掌左手手掌收回置于腰腹

图 339
右脚上步提膝，上肢不变

图 340
右脚落地，成平行立双手抓捏收回置于腰部

图 341（背面）
身体后转 180°，成猫足立左手手刀外格挡

图 341（正面）

图 342（背面）
右脚上步，成猫足立右手手刀外格挡

图 342（正面）

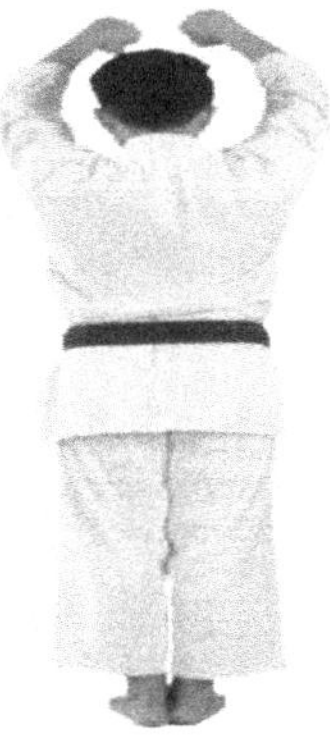

图 343（背面）
右脚收回，成并足立左右手上段格挡

图 343（正面）

图 344（背面）
右脚向前一步，成前屈立双手内格挡

图 344（正面）

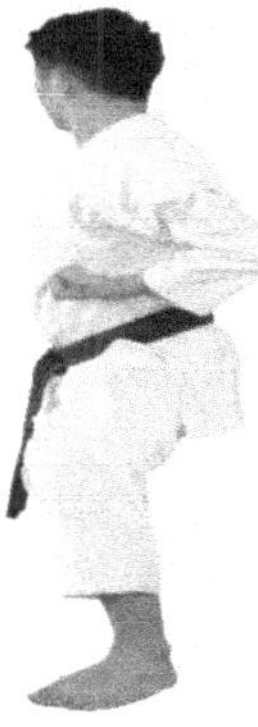

图 345（侧面）
身体旋转 90°，成四股立，右手冲拳

图 345（正面）

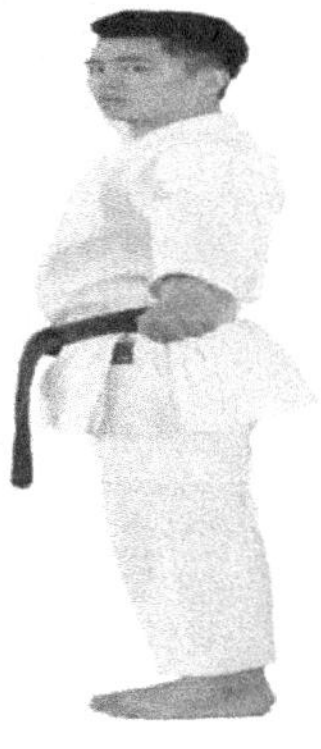

图 356（侧面）
右脚收回，成并足立右手上段外格挡，左手下格挡

图 356（正面）

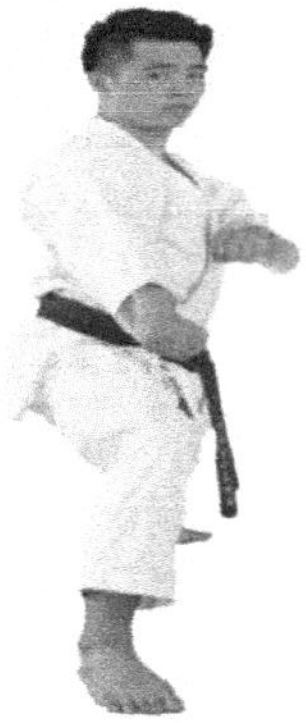

图 357
身体旋转 180°，右脚向前一步，成四股立；右手下格挡左拳置于胸口

图 358（背面）
身体左转 90°成前屈立左手中段冲拳

图 358（正面）

图 359（背面）
右脚上步回旋踢，左手伸出保持平衡

图 359（正面）

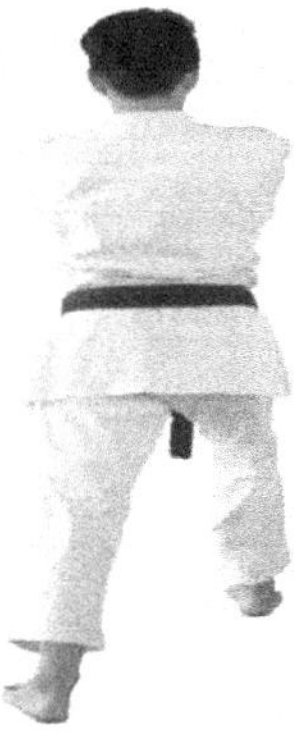

图 360（背面）
右脚落地，成前屈立右肘击打，左手贴于右肘

图 360（正面）

图 361（背面）
步法不变，右手下段格挡左手置于右肘内侧

图 361（正面）

图 362（背面）
步法不变，左手下格挡右手置于左肘内侧

图 362（正面）

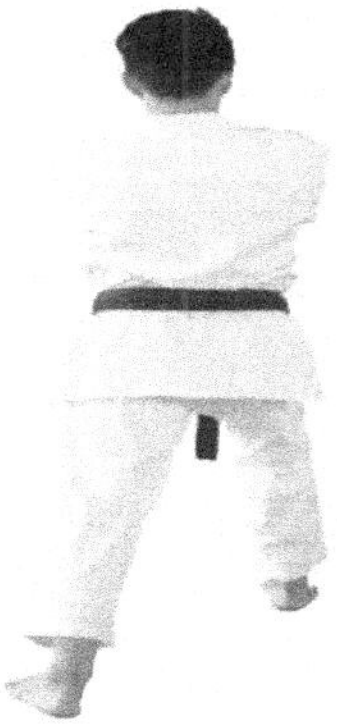

图 363（背面）
步法不变，右手下段格挡左手置于右肘内侧

图 363（正面）

图 364（背面）
步法不变，左手收于腰部右手收于胸口

图 364（正面）

图 365（背面）
步法不变，左手上段冲拳右手中段反冲拳

图 365（正面）

图 366（背面）
右脚收回，成闭足立，右手收于腰部，左手置于胸口

图 366（正面）

图 367（背面）
左脚向前一步，成前屈立，右手上段冲拳，左手下段反冲拳

图 367（正面）

图 368（背面）
左脚收回，成闭足立，左手收于腰部，右手置于胸口

图 368（正面）

图 369（背面）
右脚上步，成前屈立，左手上段冲拳，右手下段反冲拳

图 369（正面）

图 370

以右脚为轴左脚向右后方旋转 90°成前屈立，右肘肘部格挡，左手收于腰

图 371

步法不变，右手横格挡

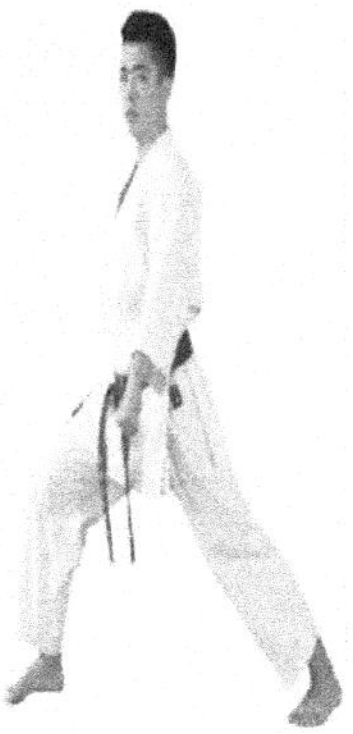

图 372

身体右转 180°，成前屈立，左肘肘部格挡，右手收于腰间

图 373

步法不变，左手横格挡

图 374

左脚向右上半步成基本立，上肢不变

图 375
成前屈立，右手手刀外格挡左手反手的置于胸口

图 376
头部左转 90°，其它不变

图 377
右脚斜后方后撤半步右手反手的外格挡

图 378
左脚收回半步，成猫足立左手外格挡，右手置于胸口

图 379
左脚收回。成并足立，双手抱拳，左手外右手内

图 380
头部向右旋转 45°其他不变。

图 381
打开足尖，足跟并拢，双手伸直，在大腿外侧并拢

图 382
上肢前屈 40°

图 383
还原成立正站姿

二、征远镇（图 384～450）

图 384
直立打开足尖，足跟并拢两手伸直，在大腿外侧并拢

图 385
上肢前屈 40°

图 386
还原成直立姿势

图 387

双手重叠，右上左下置于心口

图 388

双手下压，保持重叠左上右下

图 389

以脚尖为轴，脚跟分开成平行立双手握拳，置于身体两侧

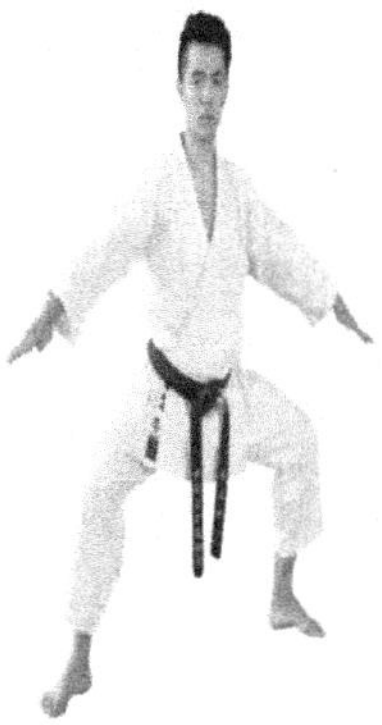

图 390

右脚右斜方上手刀下段格挡

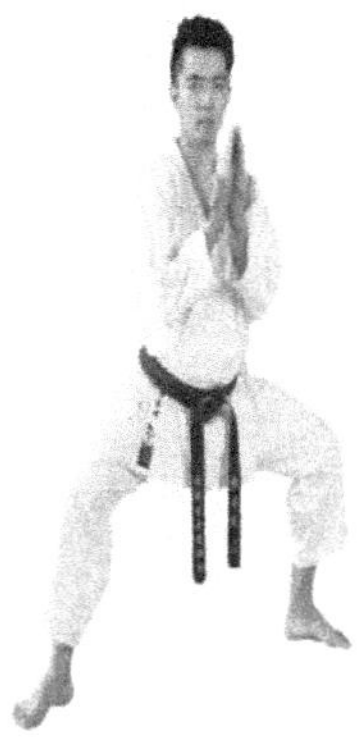

图 391

步法不变，双手收回，手背并拢双手置于胸前

图 392

步法不变，双手步成四股立格挡。打开下段格挡

图 393
步法不变，右手手刀外格挡
左手手刀置于心口

图 394
步法不变，右手
手刀外格档

图 395
步法不变，右手
收回与腰部，左
手平行推出

图 396
左脚左前方上一步，成四股
立，双手刀下格挡

图 397
步法不变，双
手收回手背并
拢，置于胸口

图 398
步法不变，双手
打开下段格挡

图 399

步法不变，左手手刀外格挡右手手刀置于胸口

图 400

步法不变，左手反手刀外格挡

图 401

步法不变，左手收回右手平行推出

图 402

右脚右斜方上步，成四股立，双手手刀下段格挡

图 403

步法不变，双手收回手背并拢，置于胸前

图 404

步法不变，双手打开下段格挡

图 405
步法不变，右手手刀外格挡，左手手刀置于心口

图 406
步法不变，右手手刀外格档

图 407
步法不变，右手收回与腰部，左手平行推出

图 408
右脚收回提膝，右拳收于胸口，左手刀置于右拳下方

图 409
右脚落地，成基本立右手冲拳，左手置于右拳上方

图 410
右脚收回，成基本立左手手刀上段惯指

图 411

步法不变，右手挑肘右手外格挡，左手置于右手

图 412

身体右转 45°，成三站立小臂内侧

图 413

左脚上步，成四股立左手置肘于右左手下格挡

图 414

左脚直接收回，四股立右手下格挡

图 415

左脚左前方上步，成三站立，左手外格挡

图 416

右脚上步，成四股立右手下格挡

图 417
右脚收回，成四股立左手下格挡

图 418
左脚右后方收回，成四股立右手手刀下格挡，左手刀上格挡

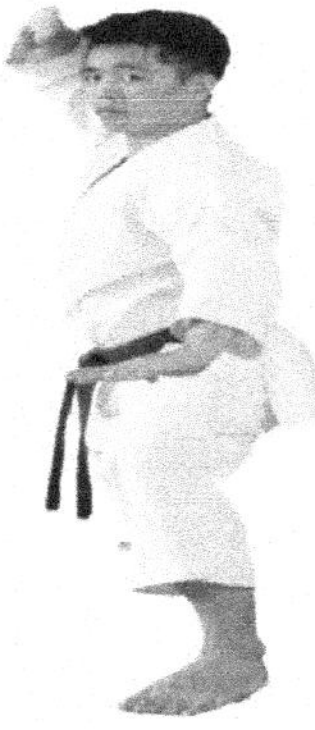

图 419
右脚后撤一步，成四股立左手手刀下压，右手手刀上段格挡

图 420
右脚向前上一步，成基本立，右手上段内格挡左手置于右肘内侧

图 421
步法不变，右手里合拳击打

图 422
步法不变，右手里合拳击打

图 423
右脚向左位移，上肢不变

图 424（背面）
身体左转 135°，成三站立，左上右下，上下格挡

图 424（正面）

图 425（背面）
步法不变，左手手刀外格挡

图 425（正面）

图 426（背面）
右脚直线上步，成四股立右手上段勾拳，左手手刀立于胸口

图 426（正面）

图 427（背面）
步法不变，右手上段里合拳

图 427（正面）

图 428（背面）
步法不变，右手下格挡

图 428（正面）

图 429
右脚直线收回，成四股立左手下格挡

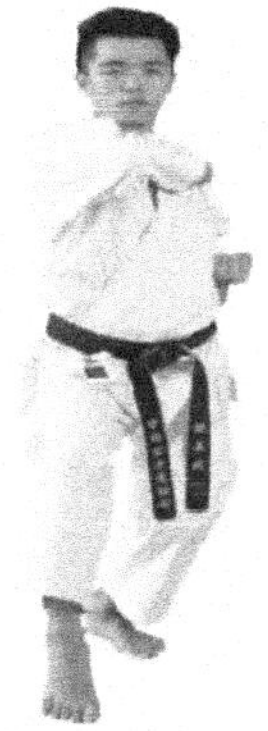

图 430
左脚向右收回，成猫足立右肘击打

图 431
右脚后撤，成猫足立左肘击打

图 432
左脚向右位移，上肢不变

图 433（背面）
身体向右旋转 135°，成三站立，右上左下，上下格挡

图 433（正面）

图 434（背面）
步法不变，右手手外格挡

图 434（正面）

图 435（背面）
左脚上步，成四股立左手上段勾拳

图 435（正面）

图 436（背面）
步法不变，左手上段里合拳

图 436（正面）

图 437（背面）
步法不变，左手下格挡

图 437（正面）

图 438
左脚直线收回，成四股立，右手下格挡

图 439
右脚向左位移，成猫足立，左肘击打

图 440
右脚后撤一步，成猫足立，右肘击打

图 441
步法不变。左手下压

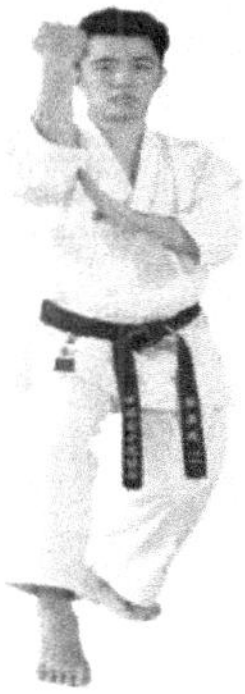

图 442
步法不变，右手里合拳左手置于右肘内侧

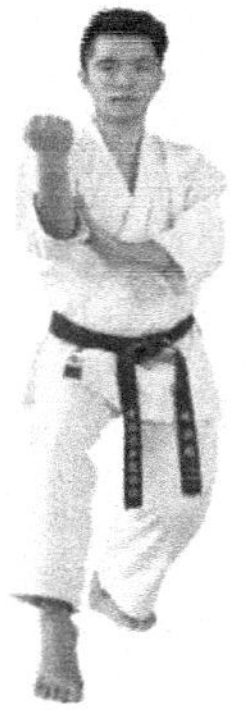

图 443

步法不变，右手里合拳左手置于右肘内侧

图 444

步法不变，双手手肘并拢

图 445

步法不变，双手手指贴靠

图 446

右脚收回，成结立双手重右上置于心口

图 447

双手下压，保持重叠，左上右下

图 448

打开足尖，足跟叠，左下并拢，两手伸直在大腿外侧并拢

图 449
上肢前屈 40°

图 450
还原成直立姿势

第六章　空手道技术特点

第一节　技术特点

一、技术的实效性

在空手道组手比赛中，双方运动员在对峙中，都在寻找时机，某一方使用任何动作的目的就是击中对手得分和阻止被对手击中而使对手不得分，从而取得比赛的胜利。在规则允许的范围内，无论使用何种动作能击中对手的有效部位得分，而不被对手击中失分，这就是空手道技术的实效性。

二、动作的隐藏性

动作的隐藏性是指使用动作前或动作间转换时不暴露动作的意图。它要求动作发动前没有预兆，在保证动作结构不被破坏的前提下，尽可能的节省动作环节与攻击动作无关的动作。

三、动作的突然性

动作的突然性是指以最快的初速度来完成攻防动作的启动，使之具有突然性；同时使动作在运行过程中的加速度得到加强与提高，保证动作在击打时能以最快的速度来完成，增加击打力量，在对手没有反应时已被击中。

四、动作的简捷性

动作的简捷性是指在比赛中选择动作具有合理性和简单、快速、使用的特点，它包括最佳击打的路线、距离、部位及攻击的角度、方向等。也就是说，应以最快的速度、最短的路线、最佳的角度、最简单直接的动作来攻击对手最薄弱的部位或攻防上暴露的破绽。

第二节　技术的应变性和预见性

在空手道比赛中，双方的攻防转换迅速，任何一方为了达到攻击的目的，获得动作的实效性，无论进攻或防守，领先对手是第一要务，双方总是保证动作以最短的时间来完成，同时使动作运用得恰到好处，具有高度的准确性，只有这样，才能实现击中对手而不被对手击中的目的。快速性表现在反应快、步法快、出腿快、转换快；准确性表现在判断准、位移准、击打准。

一、空手道技术的应变性

在空手道组手比赛中，运动员各种技术的运用，在很大程度上受到对手的制约，难以按照赛前制定的预想模式来实施，他必须根据临场情势的变化而及时采取相应的变化，才能在瞬息万变的情势中做出相应的动作：躲闪或移动；或由进攻迅速转为防守反击。可以说，比赛中大多数情况下，空手道的动作在变化中完成的，因此，随机应变的能力在空手道比赛中有着十分重要的地位，起着十分重要的作用。

二、空手道技术的预见性

空手道比赛中始终贯穿发挥与反发挥、制约与反制约的激烈对抗与争夺。复杂、快速、多变、斗智、斗勇，正是空手道比赛的魅力所在。在这种情势下，运动员几乎没有可能在极短的时间内改变已经启动的动作的方向、路线，可又要使自己的技术动作获得实际效果，这就要求运动员的技术动作必须要有预见性。所谓预见性就是能够从两个方面来判断、预测对手的行动：一是当自己主动进攻时，对手会采用何种方式方法来防守或反击？对手完成防守或反击后身体姿势所呈现的状态是怎样的？我应该如何应对？二是对手进攻后，他的身体姿势状态是怎样的？与我形成开式站位还是闭式站位？距离远近如何？是单击还是组合进攻？是否有利于他的再进攻？总之，预见性就是太准确地判断出对手的第一步、第二步、第三步……的行动意图。掌握了他的这个意图，自己才能有超前的反应，做出的技术动作才符合临场的客观实际需要，才会有实效性。预见性是通过赛前对对手的充分了解和临场的敏锐观察，经过综合分析、判断而形成的。而超前反应则是建立在距离感、时机感等专项感、知觉和对对手的充分了解、熟悉以及丰富的比赛经验的基础上。

第三节　空手道技术动作的结构与要素

一、技术基础

技术基础是指按一定顺序、路线、节奏等要素组成，是一个完整动作的主体。如横踢动作是由实战格斗姿势开始，提膝、转胯、支撑腿旋转、小腿由屈到伸向侧击打、小腿收回、落地、还原成实战格斗姿势等几个部分组成。

二、技术环节

技术环节是指组成技术基础的各个部分，是组成技术基础的“二级单位”。如前所述，横踢动作是由提膝、转胯、弹击等几个部分组成，这每一个部分就是技术环节。

三、技术细节

技术细节是指在不影响技术结构的环境下表现出来的动作的细微技术。如：击打速度的快慢；动作运行的方向、路线的偏差；距离的远近；上步、撤步以及左躲右闪过程中时间的早晚配合等细微要求。

技术动作的细节技术越合理，技术动作的击打效果就越好。空手道技术由于是在对抗中运用，与对手的身体接触越多，运用时的条件复杂，需要根据个人和对手的特点、动作特点、技战术特点及临场情势的变化，不断对技术细节加以调整，才能取得理想的效果。因此，空手道技术细节应该是在不影响技术结构的情况下，充分体现出个人特点和技术风格。不同类型运动员的技术细节也不尽相同，它完全取决于运动员本人的身体形态结构、运动素质、对技术掌握的熟练程度以及比赛经验是否丰富等方面。这表明了在学习空手道技术过程中，既要按照统一的技术规范去要求，同时也要强调个人技术细节特点的个性发展与张扬。

空手道技术终归是要在比赛实战中来实施的，在其实施过程中，它的思维、方法、要领及运动员对技术动作实施的能力，能够全面反映运动员对空手道运动技术的认知程度和理解深度。从技术基础、技术环节、技术细节这三方面来讲，以“快”制胜、以“智”取胜的运动项目，比赛中不确定因素时常出现，对技术细节提出了很高的要求。加强对技术动态因素的研究，有助于提高运动员对技术细节的认识与掌握，并且能够在比赛中适时运用，取得良好的实效性。可以说，是对技术细节的把握，只有对技术细节的细心钻研和精雕细刻，才能真正地提高技术动作的水平与技能，同时赋予技术动作的实效性。

第四节　空手道技术动作的要素

技术动作的构成主要表现在一个动作的方法、要领、用力顺序、准确程度及形式等方面。而构成一个完美规范的运动技术，需要诸方面要素及其之间的相互配合。空手道技术动作的要素有身体姿势、动作轨迹、动作时间、动作速度、动作速率、动作力量、动作节奏等。这些要素有的表现出运动学特征，有的表现出运动力学特征，而有的则表现出综合特征。

一、身体姿势

身体姿势是在完成动作的过程中，身体或身体部位所处的状态。即身体部位在空间所出的位置关系。空手道组手比赛中，按照空手道比赛规则 6 个得分要素来判定，无论做何种进攻，都是从准备姿势开始的，这个准备姿势有时是从相对静止的实战姿势开始的（如对峙中的主动进攻）；有时也可以使从前一个动作的结束开始的（如防守反击）。一般来说，空手道比赛中，双方总是处于动态之中，因此，运动员在技术层面上的要求就是使自己在任何身体姿势下都能够及时、准确、完整地完成所要做出的进攻与防守动作，并产生强烈、明显的得分能力。这就需要运动员把动作过程中身体各部位在空间的位置关系搞清楚，找出不同位置的不同方法，规范技术动作要求，才能在比赛中区别对待，使技战术得以充分发挥。

二、动作轨迹

动作轨迹是指完成动作时身体及身体各部分所移动（经过）的路线。对空手道技术动作而言，就是在进行攻防动作的过程中，身体或手、脚的运动路线。它包含有动作轨迹形式、动作轨迹方向、动作轨迹幅度。如前踢动作：提膝向前，然后利用转髋扣膝的动作来形成横向踢击。击打腿的动作轨迹是先直线后横向（向左或右）击打；动作轨迹的方向与击打目标有关，左、右、高（头部）、低（躯干）；动作轨迹的幅度与距离、角度有关；由此产生前踢动作。无论是进攻动作，还是防守动作，身体、手、脚的运动都有一定的路线和一定的方向、形式、幅度，有的是直线运动，如前踢、侧踢；有的是弧线运动，如勾踢。技术动作在运行中，根据不同的目的，对其方向、幅度等有着不同的要求，在一定程度上直接影响击打的速度与力量。

三、动作时间

动作时间是指在完成工作所需要的时间。它包括完成动作总的时间和完成各个部分（或某个环节）所需要的时间。在空手道比赛组手中，单一的运用技战术动作较多，其项目特征：规则要求任何一方选手在使用技术进攻时，在最短时间内按照得分要求，在最快时间内完成技术动作，方可有效得分。不同的动作与组合，所需的时间不同，如原地进攻、迎击抢攻所需时间较短，而结合步法的技战术动作所需时间相对较长，因而对动作的要求也不尽相同。

四、动作速度

动作速度是指在单位时间里，身体或身体某部位移动的距离，是人体快速运动的一种能力。对空手道运动而言，动作速度主要是指完成进攻、反击、抢攻等动作过程的快与慢。主要表现在进攻速度、反击速度、抢攻速度、移动速度等，其形成有单个动作速度、组合动作速度。空手道是一项以快制胜的搏斗对抗项目，动作速度的快与慢，在很大程度上决定了动作的实效性，可以认为：速度是空手道比赛取胜的根本所在和制胜法宝。

五、动作节奏

动作节奏是指完成动作时，用力的大小、时间间隔的长短、运动幅度的大小、动作的快慢等因素的有机配合，是一个综合性的要素。它普遍存在于空手道的训练、比赛中，且占有十分重要的地位。我们通常所说的节奏，主要表现在进攻节奏、反击节奏以及这二者变化的节奏。进攻的节奏在于快速而密集，似狂风暴雨般横扫而去；反击的节奏在于伺机而动，“静如处子，动若脱兔”，打出个措手不及。在比赛中掌握动作的节奏的要求是：要善于寻找时机，一旦抓住时机，应迅速、果断地进行连续不断的攻击，不予对手以喘息的机会，也就是说有进攻决不等待；当时机不成熟或需观察、调整时、可放慢节奏，不断地变化动作与节奏，利用步法、假动作来调动对手，创造条件，制造机会。总之，要使进攻节奏与反击节奏二者有机结合，虚虚实实，真真假假，准确地把握好二者的变化节奏。

各个动作要素之间是互相紧密关联的，共同寓于某一个动作中，任何一个要素的改变都会引起其他要素的改变而影响动作的结果。因此，我们在分析动作技术时，要全面考虑，抓住重要因素，确定动作的技术规范与要求，不放过任何一个细小环节，根据不同对象和不同问题，因材施教，改进训练的方法与手段，才能使运动员的技术动作做到规范、合理，达到娴熟、准确，形成运动动力定型（动作自动化）。

第七章　空手道教学

第一节　空手道教学的应注意的问题

空手道比赛和实战是双方进行相互攻击的对抗性项目，对抗中运动损伤会时常发生，因此，尽量减少伤害事故是空手道教学中的主要任务之一，教师要对学生进行安全教育，必须严格课堂纪律，遵守课堂常规，保持良好的教学秩序；无论进行何种练习，都要注意力高度集中，认真对待，严禁开玩笑（特别是在两人配合练习或实战对抗中）。练习时要使学生明确练习的目的、任务、方法和要求。切实落实安全措施，做好充分的准备活动，确保练习时学生的安全。

第二节　空手道教学的阶段和步骤

教学过程是学生在教师的组织和指导下，通过教学活动掌握知识、技术和技能的过程。空手道教学分为型的教学和组手技能教学。因此，在教学过程中，必须以技术动作的规范性和从实战的角度出发，使学生在反复的练习中，规范基本技术动作和型的动作，提高技术运用能力和实战技能。空手道教学无论是型还是实战技能教学可分为三个阶段。

一、泛化阶段

泛化阶段是初步建立动作表象的过程。其主要任务是通过教师的讲解、示范等，让学生对所要学习的新动作有初步的概括性了解，获取感性认识并粗略地掌握动作。

在此阶段内，学生大脑皮层的神经联系处于泛化阶段，学生完整的动力定型尚未形成，表现出动作紧张不协调，完成某一个动作时极易出现多余的动作等。基于此，教学过程中不宜过多地强调动作细节，而应以动作的主要环节为教学重点和突破口，紧紧抓住学生在掌握动作过程中的主要问题，通过教师简练的讲解，正确的示范，来加深学生对正确动作的理解，促进学生尽快地形成动作的正确概念。教师要注意从不同的方向、角度、部位来进行示范，使学生能够清楚地观察到动作运行的路线与过程、方向与角度的变化、发力的部位与顺序以及击打的部位与落点等，以期达到初步掌握动作的目的。

二、分化阶段

在此阶段内，教学的主要任务是使学生巩固正确的动作，提高动作的协调性和动作质量，逐渐形成动力定型。在教师的指导下，通过在一定条件限制下的两人配合练习，不断提高对技术动作的运用能力，其中包括对时机、距离、空间的判断能力等，进一步培养进攻、防守和反击的实战意识和提高临场应变能力。

在不断地练习过程中，学生对运动技能的内在规律有了初步的了解，逐步消除了部分动作的不协调和多余的动作。此时大脑皮层的条件联系有泛化阶段进入分化阶段，大部分错误和不合理的动作得以纠正，基本上能较顺利地、连贯地完成技术动作，初步建立了正确的动力定型，但定型不稳定，此时如果遇到新的刺激或干扰，错误的、不合理的动作可能还会出现。因此，教师在教学中一定要抓住学生存在的主要问题，反复强调并进行反复练习，帮助学生体会动作的细节，促进分化抑制的进一步发展，使动作日趋规范准确。此时要结合对技术动作各个要素的分析，强化、提高学生对动作技术的理性认识。

三、巩固和自动化阶段

此阶段是通过进一步的反复练习，把已经建立的条件反射不断巩固与强化，从而建立正确良好的动力定型，使大脑皮层的兴奋和抑制在时间和空间上更加集中和精确。此时的动作技术不仅精准、熟练，更有较好的协调性、连贯性，而且随着运动技能的进一步巩固和发展，在暂时联系达到非常巩固的程度后，动作可出现自动化现象。这对于空手道技能的提高是非常重要的。在瞬息变化的空手道比赛中，动作自动化可使第二信号系统的活动摆脱第一信号系统的束缚，使之更加专注战略、战术的变化，及时捕捉时机。

这一阶段主要是通过各种形式的条件实战和实战对抗，进一步提高动作的稳定性和完善自动化程度，提高技术动作运用的实效性，以培养学生在各种情势下运用动作的应变能力。在教学过程中，教师可根据教学意图和目的的不同，有针对性的选择不同水平层次的练习对手进行一对一的实战练习，是学生在变化万千的对抗中，尽快熟练技术并不断提高动作质量。但请注意：动力定型达到一定程度后，一定要进一步进行强化练习，是动力定型更进一步完善、巩固，否则动力定型了的动作就会消退。此时，教师要不断地对学生提出更高层次的要求，如变换对手（不同身高体重或水平能力的对手）、变换练习条件（增加练习难度或提高动作指标）等，使学生不断加深对动作技术的理性认识而促进动作更加精益求精。

在空手道教学中，运动技能形成过程的几个阶段并不是截然分开的，而是逐步过渡、循序渐进的一个过程，而整个过程的长短受诸多因素的影响，与教学方法、训练水平、身体条件以及学生的接受能力、学习的积极性、目的性有着密切的关系。因此，教师在教学过程中，在运动技能形成的不同阶段，要善于选择并采取有针对性的教学方法和练习手段，使运动技能早日形成并日趋完善与巩固。

第三节　空手道教学的基本步骤

一、初步了解学会动作

学生学习空手道时首先要在了解技术的基础上初步学会基本动作，对基本动作要素如动作的运行路线、发力顺序、击打力点以及速度、力量、距离有一个概括性的感性认识。此时学生对技术动作的条件反射刚刚建立，稳定性差，易受外界干扰而变形。因此，教师在教学中不应过分强调学生练习时的技术动作细节，但一定要抓住动作的关键技术，应多采用示范讲解和分解教学的方法，帮助学生对技术动作的规范性与准确性有一定的了解和初步体会。

二、掌握方法与技巧

学生在初步了解和掌握技术动作之后，这是教师要强调和引导学生认真体会技术动作的要领及用力技巧，同时尽量消除动作练习中的多余动作，帮助学生不断改进动作细节，并尽量减少和消除动作启动的先兆，使动作练习完成得更加规范、协调、完整、连贯，并通过反复的强化练习，增强学生的格斗攻防意识，使动作的条件反射更加稳固。

三、组合动作

在初步建立技术动作规范正确的动力定型之后，为了进一步强化和巩固技战术动作，提高学生技战术动作的运用能力，就必须有针对性地进行配对的组合练习。所谓组合练习就是将不同的技战术动作，根据不同的需要，有针对性地有机结合成各种类型的技战术串联组合，以多种练习形式为手段的训练方法。组合练习要根据不同的教学阶段、教学目标和教学任务，提出不同的要求，从单个动作到两个动作的组合、到多个动作的组合；从单一技战术到复合战术，以及各动作要素之间的相互关系，都必须仔细考量，缜密斟酌，在学生的现实技术能力和水平上保持一定的限度，循序渐进，逐步深入。只有所有的训练要求与条件符合的学生的实际情况，才能使练习达到最佳的教学效果。

四、条件实战

随着训练的不断深入，在经过一段时间的练习、学生对动作技术有了更为深刻的理解和掌握之后，可在一定条件限制下进行实战练习。进行实战练习时一定要根据学生的实际情况和练习目的，选择相应的条件实战练习内容。在不同的条件下，加深学生对不同技术、战术、时机、距离等一切与比赛实战有关的因素的纵深理解，提高技战术的临场运用能力，同时培养学生的空间感、距离感和对实际的把握能力，特别是空手道组手实战中的预判能力、反应能力、应变能力，更是条件实战训练中的重中之重。卓有成效的条件实战训练是保证成功过渡到实战训练、比赛的基础和前提。

五、实战

所有的技战术练习都是为比赛实战服务的，其训练的实战效果如何，最终总是要接受实战的检验。因此，实战是空手道所有练习步骤的最后一站，同时也是技术学习的最高阶段。只有通过实战才能检验学生的技战术能力与水平是否能够满足比赛的需求。同样，从实战训练的反馈中，我们可以获得这样的信息：动作质量和教学效果是否达到预期的目的，从另一侧面也反映出我们的教学方法与手段是否符合学生的实际情况。

教师要善于从实战中发现学生技战术动作特别是运用能力存在的不足，依据实战的反馈信息，有针对性地帮助学生分析、总结，找出自己存在的问题和解决问题的方法，不断提高自己的实战能力。

第四节　空手道教学的基本特点与要求

空手道技术动作简单、实用、易学，规范、教育于一身。通过空手道的训练，使学生可以在行为规范、道德修养和完善人格诸方面得到提高与发展，达到健身、防身、修身的目的。空手道的教学具有其他体育教学的共性，同时也具有其鲜明的个性特点。它是以教育学和体育理论为指导，遵循运动技能的形成规律和人体机能活动变化规律，通过学生身体的反复练习，不断激发学生思维并与身体练习紧密结合，掌握空手道运动技术的技能与技巧。在教学训练实践中，空手道逐渐形成了自己的教学特点和一整套适合空手道运动特点的教学阶段、步骤以及独特的教学方法与手段。

一、道德修养为体，礼仪礼节为用

空手道运动是通过身体的练习和磨练来达到修身养性、完善人格的崇高目的的。身体行为是外在的表现，其透视出的内涵不仅仅是空手道的技艺与技巧，更是人的内心世界包括情感、情操、行为、品质的反映。德是每一个从事空手道学习与训练的人在一切社会活动中必须具备的道德修养和行为规范。空手道的教学与训练是强身健体、培养一定的自卫防身技能的过程，更是陶冶情操、培养一个人高尚道德品质的有效手段。因此，在空手道教学与训练中，礼仪礼节的学习与训练，始终是我们每次课的必修科目而贯穿于每个动作练习的全过程。作为一个空手道教授者，不仅要“授业”与“解惑”，更需要“传道”；不但要具备良好的专业技术水平，更应在行为规范上严格要求自己，做学生的楷模；是学生的良师更是益友，营造出一个和谐活泼的教学环境，教学相长，磨练技艺，在潜移默化中不断培养、提高学生良好的道德品质和坚忍不拔的拼搏精神。

二、合理规范，强调实效

合理规范的基本技术是构成变化万千的技战术动作和保证击打实际效果的基础。它既是人体生物力学原理在空手道运动中的真实反映，也是几百年来空手道运动实践经验的总结。因此，在空手道教学中应注重技术动作的规范性，要严格动作的技术要领、运行路线、发力顺序等，对每一个动作要素应做到精益求精；对每一个动作细节要精雕细刻。一丝不苟地反复练习，才能使技术动作的击打真正做到路线明确、方法清晰，力点稳准、劲力顺达。训练中一旦出现错误的动作和方法，要及时、反复地予以纠正，直至改正错误并形成正确动作的动力定型。

任何技术动作都是为实战比赛服务的，只有经过实战比赛检验的技术动作，才能证明其实效性。作为直接交手对抗的项目，空手道的一切技术动作的教学训练都应围绕实战比赛而进行。因此，空手道教学必须要从“对抗”这个空手道的本质特征出发，是学生在学习的过程中，清楚地明确每一个技术动作在实战比赛中的作用和应用价值；要使学生清楚地了解、掌握每一个技术动作在不同的形势下不同的运行路线、不同的方向角度、不同的运用方法等。每一个技术动作的变化都是实战比赛变化规律和特点的需要，只有紧紧抓住这个变化规律与特点，我们的教学训练才能真正做到练战结合，技术动作的实效性才能在实战比赛中真正地充分体现。

三、循序渐进，因人而异

由初学到娴熟、到精巧、再到运用自如，这样一个逐步学习、逐渐适应的过程，是任何一个运动项目技术动作形成的必经之路。空手道的技术动作学习也概莫能外，同样要遵循运动技能形成的规律而遵循渐进的进行学习。学习时一定要从最基本的拳法、腿法、步型、步法学起；从单个技术动作到两个或多个技术动作组合；从原地练习到行进间练习再到自由移动练习；从原地站桩练习到移动练习；从条件实战到实战；型的学习从基本架式到发力，无不是由简而繁，循序渐进、脚踏实地地一步一个脚印的走过来，且不可操之过急，拔苗助长而适得其反。不同的学生有着不同的身体机能水平、运动素质、心理品质、接受能力以及承受负荷刺激的能力，因而在空手道教学中，既要根据学生的平均水平制定相应的教学计划、任务和达到的目标，也要考虑到个体差异。要有针对性地采用不同的教学方法，区别对待，以充分发挥学生的自身条件，形成自己的技术特点与风格。值得注意的是，即使是同一个同学在不同的学习阶段，其运动素质、心理品质、接受能力等个性特征方面也有所不同。所有这些都要求教师必须根据教学对象和学习阶段的不同，区别对待，有针对性地采用不同的教学方法和练习形式，使之更加符合学生的实际情况。

四、相互配合，共同提高

空手道比赛是两个人同台竞技的对抗性项目，因而空手道练习中两人配合来共同提高技战术水平是空手道学习训练的重要形式之一。两个人配合的练习形式多样：如相向空击、踢靶练习、站桩练习，一攻一防的攻防技术练习以及条件实战、比赛实战等等。这种配合练习主要是根据教学训练课的任务以及技战术动作的具体要求，有计划、有目的地合理安排。组手空手道的本质特征是“交手”与“对抗”，比赛中的一切行动总是围绕攻与防这个永恒的、矛盾的主题而进行；双方总是在攻与防的反复交互中，体现出最高的技能技巧和心智水平。如何提高主体练习者的技战术动作的运用能力及临场的应变能力就成为两人配合练习的重点所在。基于此，在练习时，一定要教育学生树立为对方服务的良好品质，要清楚的认识到在服务对方的同时，也是在提高自己的技战术水平，要一切从对方的实际水平出发，尽可能的满足练习对象的不同需求：无论是动作的速度、力度、方向、角度，还是动作变化的难易程度都要以对方的最佳适应性为度，这样才能达到最佳的训练效果。同时我们应清楚的认识到，配合练习不仅是提高、完善技战术动作的有效途径与手段，更是培养学生团队精神和甘愿奉献的崇高品质的最佳形式与方法。

五、突出重点，举一反三

空手道技术动作简洁但要求甚高，对每一个动作都要精雕细刻，讲究技巧，比赛中多以心智取胜。空手道组手实战，使用拳法机会要多于腿法，但彼此之间都有着千丝万缕的联系，训练中若能抓住他们的共性和规律，无疑对教学训练有着事半功倍的作用。基于此，在教学中要从基本动作抓起，结合学生的实际情况如身体形态、运动素质、技战术能力与水平等，选择有针对性的技战术动作进行强化训练，使他们逐步形成自己的特长动作和“绝招”，进而以此来带动其他技术动作的全面发展。特别是在战术动作的训练中，无论采用何种拳法、腿法进攻和反击，他们的战术原理是相通的，都需要良好的战术意识和快捷的应变能力；都需要提高与完善学生对时机、距离乃至空间的掌控能力；都需要缜密准确的预判能力和巧遇心思的智慧计谋；更需要临难不恐的良好心理品质。可通过一些典型、实用、简单而具有共性与规律的技战术动作，进行练习或实战，待同学们随着教学训练的不断深入，技战术能力与水平逐步提高后，再不断丰富、完善攻防技术动作的内容与方法，直至学生全面掌握空手道技战术动作内容与运用技能与技巧。

第五节　空手道教学方法与手段

一、空手道教学方法

（一）示范教学法

示范教学是学生通过观察教师正确的示范动作并通过视觉感知，来接受技术的最生动具体的方法，是空手道教学中最常用的方法之一。教学过程中教师通过技术动作示范，学生可以生动形象地了解所学技术动作的结构特征、技术要领和完成动作的技巧等，从而较快地建立动作表象。同时，标准、协调、优美的示范还可以激发学生学习的兴趣。因此，对示范的要求是：

1．示范要规范熟练：教师在做示范时一定要保证动作的质量，做到规范、协调、流畅，从动作的运行轨迹、发力顺序到身体的配合等都要做到准确无误。熟练的示范不仅便于学生掌握正确的动作，而且还可以使学生产生轻松愉快的感觉，激发学习兴趣，避免畏难情绪产生。

2．示范具有针对性：首先要针对学生实际情况的需要做示范，不可盲目示范而使学生不知该着重学什么；分散其注意力而失去示范的作用。其次是根据不同的教学阶段、教学目的与任务而进行重点示范。

3．示范方法的多样性：根据学生的实际情况和教学目的的要求，灵活选择相应的示范方法，如对于简单的动作或基础较好的学生，可采用完整示范；对复杂的动作和基础不好的学生，可采用分解示范；为了便于观察，可采用慢动作快示范、快动作慢示范；为了加深对正确动作与错误动作的认识，可采用两种动作的对比示范等。

4．示范要有利于学生观察：老师的示范应以全体学生都能看到为原则，灵活选择和运用不同的示范方位和角度、示范速度及示范面。

5．示范与讲解、启发学生思维相结合：示范常常结合讲解进行。有的先讲解后示范，或先示范后讲解，或边讲解边示范，在示范中可以设计小问题让学生回答，借此启发学生对动作的思考与对比。无论哪种形式的示范，他们总是互为补充，相得益彰。

（二）讲解教学法

讲解教学法是空手道教学中经常运用的一种形式和方法，是教师运用语言向学生讲解说明教学任务、动作名称和作用及完成动作的要领、方法等。在教学过程中通过语言指导学生，使学生获得相关空手道的有关知识，并进行学习和掌握空手道技术技能等。

1．讲解的主要内容：

（1）所学动作的名称、要领、要求、动作运行路线、方向角度、发力要点及对身体各部位姿势的要求等；

（2）所学动作的攻防作用、击打力点和不同部位、实战中的时机及运用价值等；

（3）动作的易犯错误；

（4）相关练习方法。

2. 讲解法运用的具体要求：

（1）对动作的讲解要简明扼要，重点突出，逻辑性强，由表及里。针对动作的关键技术点要加重语气，重点强调，同时要善于运用形象生动的语言来启发、诱导学生，在轻松愉快的范围中，使学生尽快地理解、掌握动作。

（2）讲解还应根据不同的教学步骤而有所侧重，如，同是前手上段击，初学时以讲解动作要领要求为主，熟练后则以讲解运用方法为主。讲解应该有目的、针对性地进行，如，针对教学内容的重点和难点讲解，针对学生存在的问题讲解等。

（3）做到讲解与示范有机结合，使看、听、想、练结合，充分发挥学生的视觉、听觉等多种感觉的综合功能，使学生学有目的，练有动力。

（三）完整教学法

完整教学法是从动作的开始到结束，不分段落完整连续地进行教学和练习的方法。完整教学法的优点是能保持动作结构的完整性，易于使学生对动作技术形成整体概念和动作之间的联系。其缺点是对有一定难度的动作不易较快地掌握好动作中较难的环节和要素。因此，简单容易掌握的动作和不易分解的动作应多采用完整教学法。对于有一定基础的学生采用这种方法较多。运用完整教学法的要求是：

1. 突出教学重点：进行完整教学时，要做到重点突出，把握好动作的快慢与速率。这是因为每个动作都有其技术关键点，掌握好这个点，以点带面，其他细节就容易掌握了。同时完整动作的过程相对较长，动作细节较多，速度过快易导致出现错误动作；速度过慢则失去动作的连贯性。

2. 适当降低动作质量：初学时，学生动作完成的质量往往是不尽人意而错漏百出的，特别是难度较大且复杂的动作，这时在练习中可适当降低质量要求，待学生能较熟练地进行动作的完整练习后，再逐步提高对动作质量的要求，循序渐进，以利于学生较快建立完整动作的条件反射。

3. 与分解练习法相结合：对于难度较大且繁杂的动作应先进行分解练习，待学生对动作的各个环节、要素比较熟悉后，再将分解开的动作结合在一起进行完整练习。

（四）分解教学法

分解教学法是把完整动作按其技术结构分为若干段或按身体活动部位分成几部分进行学习、最后掌握完整动作的方法。其优点是动作难度低，便于突出重点，强化了对难度大的动作的学习，有利于加速教学进程。其缺点是有可能养成学生分解练习的习惯，从而妨碍顺利地掌握完整动作。分解教学法适用于动作相对复杂而又可分解，但用完整法又不易掌握的动作或某部分动作需要较细致学习时采用。对分解教学法的要求是：

1. 动作分解要易于连接：划分的部分或段落要易于连接，以不破坏动作的整体结构为原则。应遵循人体的运动规律、动作的结构特征，使分开的动作易于衔接与连贯。

2. 突出分解段落的重点：当完整动作需要分解教学时，对划分的段落，一定要向学生讲明这个段落的动作要点、它在完整动作中的地位与作用以及与其他动作之间的相互联系。

3. 与完整教学法结合运用：在空手道基本技术教学中，不应将动作分解得过于细化而撕裂动作间的有机联系，同时较长时间地分解练习，极易养成学生分解练习的习惯而破坏动作的连贯性。只要学生通过分解练习初步掌握动作后，就应尽快地向完整动作练习过渡，以保持动作结构的完整性及动作练习中的快速性、连续性。

（五）模拟教学法

模拟教学法是为了不断提高学生的技战术动作在实战中的运用能力和心理承受能力，有针对性的模拟实战中所表现出来的技、战术状况和场景气氛等进行练习的方法。模拟教学的主要任务有模拟主动进攻的技术与战术；模拟防守的技术与战术；模拟反击的技术与战术；模拟各种不同风格、不同特点打法的具体的技战术形式；以及模拟比赛临场形势、气氛及观众情绪等。模拟教学的要求是：

1. 具有针对性：模拟教学要根据教学目的任务的需要和学生的实际情况及动作的要求，有针对性地进行练习。模拟的内容可随学生的训练进展情况和效果及时视情调整，使教学训练的内容、方法与手段最大限度地满足学生的不同需求。

2. 具有真实性：进行模拟教学时一定要强调动作逼真，无论是动作的速度、距离、时机，还是临场氛围、过程情绪以及对学生心理的要求都必须尽可能的贴近比赛或实战，这样才能达到理想的练习效果。

（六）预防和纠误法

预防和纠误法是教师为了防止和纠正学生在学习中出现错误动作而采用的方法。在空手道教学中，经常要用到纠误法，学习和练习中，学生出现错误动作是不可避免的。但如果让错误动作形成动力定型后再去纠正就会付出更多的精力和代价。因此，对错误动作及时进行纠正和预防是至关重要的。在纠误时，首先要对错误动作进行分析，找出原因，然后根据主要原因选择适当的纠误方法。

1. 产生的原因：

（1）学习目的不明确（积极性不高、缺乏信心、怕难、怕苦、怕受伤等）；

（2）技术动作的概念不清楚（完成动作的顺序、要领、要求等）；

（3）能力低，身体素质较差（特别是灵敏性、协调性）；

（4）心理承受能力不好（紧张、畏惧等）；

（5）教学过程中教师组织教法不当。

另外还有其他原因，如疲劳、环境干扰等都会导致错误动作的发生。所以要根据产生错误的原因，分别选用适当的方法进行纠正。

2. 纠正的方法：

（1）提高动作示范和讲解的质量，让学生建立正确的动作概念，清楚完成动作的顺序、路线、动作要领和要求，明确动作的技术关键点，建立正确的动作表象。并利用各种诱导性的练习、转移性练习和启发性语言预防和纠正错误动作的出现；

（2）教学中由于学生的身体素质情况各自不同，应根据学生的实际情况，适当降低对动作的要求，同时选择适当的辅助练习和专项身体素质练习来进行过渡性的练习，弥补差距，为专项技术训练夯实基础；

（3）在进行对抗和难度训练时，要考虑到学生心理可能会产生的惧怕和紧张情况，为此要进行积极的心理诱导训练和适当降低对抗的难度，多采用辅助性练习来消除学生的紧张情绪和畏惧心理；

（4）教师要根据运动技能形成的规律，认真钻研教学教法，提高教学水平，合理安排教学过程，全面细致地了解学生的情况，对可能产生的错误动作要做到心中有数，并根据错误动作的性质有针对性的采用切合实际的教法纠正。

（5）为了避免疲劳的发生，应合理安排运动负荷和组间间歇。并采用暗示、转移等方法集中学生的注意力，提高学生的自控能力，排除和克服外界环境及不良因素的影响。

3. 纠正法的要求是：

（1）抓住主要矛盾，针对动作的主要错误反复纠正，在学生练习中不断以语言来提示该注意的问题，使学生的练习过程始终处于教师的监控之下；

（2）纠误是要讲清楚其中的道理，循循善诱。告诉学生错误的原因、带来的后果及自我监控、检查动作对错的方法，对动作要多问几个为什么；

（3）当学生形成正确的动作表象后，应及时进行强化训练，以便巩固已形成了的动力定型。

二、练习形式

在初步掌握动作之后，学生技术动作的运用尚未具备和达到娴熟与稳固的程度，需要在教师的监控和指导下进行反复的强化练习，才能逐步形成正确的动力定型直至达到完成技术动作的自动化。在空手道教学过程中经常采用的练习形式有：单人练习、双人练习、站桩练习、分组练习和集体练习。

（一）单人练习

单人练习顾名思义就是学生独立进行练习的方法。练习时学生可以自己体会技术动作的要领、路线、方向、角度以及发力顺序等动作要素；也可以有目的的根据自己的实际情况进行动作速度和击打准确性的练习。此时，教师一定要注意观察学生的技术动作，及时发现动作错误，并及时进行纠正和个别辅导。单人练习的优点在于：能够培养和发挥学生的个人思维能力和想象能力，调动个人的主观能动性；而且可以自我调节运动节奏与运动负荷的强度、密度；特别有利于技战术及训练的个性化的发展。

（二）双人练习

在空手道教学训练中，双人练习既是最重要的练习形式之一，也是空手道教学中经常采用的练习方法。双人练习要在教师的指导下，结合教学课的目的与任务，有针对性的安排练习。它要求练习双方一定要积极有效地配合，互相取长补短，互帮互助，共同提高技战术水平。双人练习的优点在于：其形式更加符合空手道比赛和实战的特点，有利于学生运动技术技能的快速形成，特别是在培养学生对时间、距离、空间、时机等一切与比赛实战相关因素的判断能力方面，有着其他形式无可替代的地位与作用；同时也有利于学生间的相互帮助、相互学习，培养学生的团队精神和集体荣誉感；更有利于形成独特的个人及战术风格与特点。

（三）站桩练习

站桩练习是在双人练习下完成的，在空手道教学训练中，由于空手道独有的技术特征和一定规则要求，现代空手道组手遵循的原则是“点到为止”也叫“寸止”，在平时双方对峙练习中，一方站立呈格斗架势，另一方在教师安排下，多次练习单个技术或组合技术，其目的是强化技术动作针对性和有效性，以便于在比赛中不犯规，尽可能获取得分。站桩练习要求在运动员一定要娴熟运动能力下再进行站桩练习，如有不慎可能会伤害其配合一方。

（四）分组练习

分组练习就是根据实际情况将学生分成若干个小组进行练习。练习时可以挑选学生中技术较好的技术骨干轮换进行指挥。同时应鼓励学生对技术动作进行分析研究，发表自己对动作技术的看法与体会，充分发挥学生的主观能动性；各组之间也应相互学习与交流，在条件许可的情况下，组与组之间可以以比赛的形式来激发学生的学练兴趣与激情；在进行分组练习时，教师应加强对全局的掌控，抓住共性，分别指导，对学生的练习要进行全程监控与指导，保证学生能按质按量地完成教学任务。分组练习的优点在于：能充分发挥学生中技术骨干的示范带头作用，对技术较差的学生进行帮助和指导，充分培养小组长的组织与指挥能力，有利于培养学生的集体主义精神和互相帮助的良好学风。

（五）集体练习

集体练习是在教师（或队长）领做或用口令指挥法集体统一进行练习。领做的实质是一种示范形式，要注意选择合理的示范面和示范位置。同时口令指挥的声音要洪亮、干脆而利索，节奏感强，必要时可以穿插简单扼要的讲解或提示。对于错误动作一定要及时纠正。集体练习的优点在于：方便教师整体观察和了解全貌，抓重点、抓规律、抓共性，有利于建立正确的动力定型。同时也有利于教师灵活掌握练习次数、频率及总的运动负荷；另外，对培养学生的集体主义精神也要有积极的作用。

三、练习手段

（一）空击练习

空击练习就是不借助任何辅助条件而徒手进行的练习，是为了熟练掌握技术动作的重要训练手段之一。它能有效地使技术动作形成动力定型，加强条件反射意识，提高动作的速度。且可进行单人、双人、分组或集体练习。

在进行空击练习时一定要根据练习目的的要求的不同而有所侧重。练习基本技术时，应强调动作的规范性，认真体会动作的发力技巧、动作的运动轨迹与角度、击打力点等技术要领及动作的细枝末节。而进行组合技术或战术练习时则要强调用意识来支配动作，合理编排动作组合，强化攻防的目的性。进行空击练习时要注意循序渐进，遵循单个技术动作→组合技术动作→随机组合技战术动作、原地的空击→结合步法的行进间空击→自由移动空击这样一个由易到难、由简而繁的训练规律与过程。

另外，在进行空击练习时，为避免运动损伤，要注意做好各关节的热身活动，注意控制击打力量。练习中，教师应在一旁仔细观察，一旦学生出现错误动作及时进行纠正。也可进行镜面练习，以便学生自己随时监控、检查技术动作的规范性。

（二）反应练习

反应练习就是学生根据教师或同学所给的信号做出动作反应的练习方法。常以单个技术为主，可以击中目标，也可以保持一定的距离进行相向空击练习。一般常用的信号有口令、手势、拳靶等。由于信号具有突然性和不规律性，可有效地提高学生单个技术动作的速度、反应速度，提高对各种信号的判断能力和击打的准确性。同时还可以有效地培养学生对距离和空间的把握能力。

进行反应练习时，要求教师或学生一定要根据学生的实际能力水平，灵活掌握所给信号的速度和变化频率，既要保证所给信号的突然性和真实性，又要保证不使学生有所察觉。因此信号要清晰明显，给靶要准确，以免模糊不清而造成判断失误。信号（靶形与靶位）→反应（击打动作）的模式可以预先拟定好，要求学生严格执行，所有的练习要反应及时，动作准确，绝不放过任何击打的时机。快速是反应练习的首要要求，所以应尽量在体力充沛的情况下进行反应练习（训练课的靠前部分）；为保证动作的质量，动作信号不宜太过复杂。

（三）攻防练习

攻防练习是两人一组，依据攻防运动的规律和训练课的具体任务，有针对性地进行练习的手段。初练时可以进行指定单个技术动作的一攻一防的练习；然后再逐步过渡到指定组合技术动作的攻防练习；随机性的攻防练习，是两个人攻防练习的最后一站，无论是单个还是组合技术动作的攻与防练习，都是一方无规律、无预兆地发出动作而另一方视情况做出相应防守动作的练习，目的在于提高双方攻防动作的突然性和应变能力，最终做到随意组合，灵活应用。

攻防练习能有效地提高练习者进攻技术动作和防守技术动作的规范性，较快地建立和培养学生正确的本体感觉和攻防意识。由于攻防练习是有条件限制（一攻一防而不可反击）的练习的手段，因此在教学的初级阶段有利于消除学生的害怕心理而较多采用。需要强调的是，尽管是攻防练习，也应要求学生在防守之后必须要有反击意识，并在练习过程中有意识地思考反击的形式与动作，这样才有利于防守→反击条件反射的建立。

（四）变换练习

变换练习法是一种对运动负荷、练习内容、练习形式及其条件实施变换以提高学生积极性、趣味性、适应性机应变能力的训练方法。变换训练法是根据空手道实际比赛过程的复杂性、对抗性程度的激烈性、运动技术的变异性、运动能力的多样性、中枢神经系统的灵活性等一般特征而提出的。通过变换训练，可使机体产生与空手道专项匹配的适应性变化，可使学生不同运动素质、运动技术和运动战术得到系统的训练和协调的发展，从而提高承受空手道比赛时不同运动负荷的能力和实际运动的应变能力。在这里我们主要介绍以下三种练习手段：

1. 加难练习：加难练习主要是为了在高于比赛实战的条件下，提高技战术动作的质量、运用能力、攻防动作的成功率和培养学生良好的心理品质而进行练习的方法。其核心是在原来正常要求的基础上，提高动作完成质量的要求，增加练习的密度、强度和心理负荷。练习时可以安排能力较强的对手进行配对练习或实战，也可以用车轮战的形式，安排不同技战术风格特点的学生来进行条件实战或比赛实战的练习，以增加实战的局数、延长实战的时间，提高实战能力和耐久力。加难练习能有效地提高学生的技战术水平，加大对神经系统的刺激强度，从而建立稳固的运动条件反射，提高学生的比赛实战能力，培养学生顽强的意志品质和敢打敢拼的训练作风。但应特别强调的是，加难练习时必须对学生的实际能力和水平进行全面的考量，科学合理的安排，循序渐进，且不可盲目从事。否则只会适得其反，甚至会发生不应有的教学事故或伤害。

2. 变易练习：变易练习与加难练习相反，变易练习是在原来正常要求的基础上降低了对动作完成的质量、练习密度与强度、心理负荷等方面难度的练习方法。变易练习可以增加学生的学习训练的兴趣和信心，对那些已经初步掌握动作但自信心不强，总是担心做不好的学生，在初级阶段为尽快建立条件反射和巩固动力定型而采用变易练习是很有必要的。

3. 想象练习：想象练习是在学生每次训练前，回忆教师讲解和示范的动作情景，使动作的主要环节在脑海中形成表象，从而使学生练习的动作练习方法。它对于提高学生的自我学习、自我训练、自我竞赛等综合能力十分重要。在空手道训练中，想象练习就是要求学生在练习时有意识地去想像对手的技战术风格和打法特点；想象某一比赛场景；对某一技战术进行思维、表象等。无论是进行空击、击靶、站桩练习还是步法练习都应时刻告诉自己，我的对手就在前面。在想象练习时可通过对完成动作的思维、想象和体验活动来作用于心理、生理系统，加快神经系统的条件反射过程，促使完成动作的过程和概念迅速得到熟练与加强，这样无数的反复就可以达到自动化程度。进行想象练习，一定要求学生对技术、战术的概念要清楚，动作到位，意识准确，时机和节奏的变化也要符合实战的特征。要引导学生在安静、放松的状态下进行练习，尽量排除外界环境和意识的干扰，以达到最佳的练习效果。同时，想象练习没有危险，能够尽量消除学生的恐惧心理，减少运动损伤的发生，想象练习不受时间的限制，业余闲暇时间也可进行想象练习。

（五）模拟练习

模拟练习就是从实战的角度出发，模仿实战中的某些技战术运用特征和打法特点或某一实战场景的氛围，有针对性地进行练习的方法。模拟练习对培养学生战术意识、提高学生心理承受能力以及临场应变能力等诸多方面有着很好的效果。练习中对模拟对象的把握必须要形象、逼真，动作要准确、到位。练习时严格要求学生必须根据具体的情况迅速作出相应的反应，这种反应的选择要合理、正确，只有合理而正确的技战术动作才能取得预期的进攻、防守与反击的实际效果。因此，在练习中，对时机的把握、距离的控制、空间的判断能力以及动作的速度与击打力量等一切与比赛实战相关的诸多方面，都要从难、从严、从实战出发来保证练习的质量，从而满足比赛实战的要求。

（六）模拟实战

模拟实战是指在一定条件限制的情况下进行有针对性的实战对抗练习。其表现形式有：一攻一防、进攻→防守反击、进攻→迎击、进攻→反击→再进攻→反反击等练习。条件实战主要是为了提高学生某一特定的技战术运用能力而采用的一种练习方法，具有很强的针对性，是实战初期经常采用的练习方法。条件实战因可以使学生在较低或没有心理压力的状态下进行实战练习，使学生更能集中精力来专一提高单个或组合技战术，尽快形成特定的链条式攻防条件反射。

条件实战的配对要根据训练的任务和要求，合理地进行配对组合，对配对双方的技战术能力与水平要做到心中有数，并制定严格的要求和规定，练习实行严格按照规定和要求进行，要告诉学生在练习时要相互理解，相互帮助，相互切磋，共同提高技战术水平。

（七）实战

实战是两个人按照空手道的竞赛规则进行实战对抗的练习，是有效提高技战术水平和检验技战术运用能力的重要方法，同时也是总结、积累比赛实战经验和反馈训练方法与手段实效性的有效的措施。实战练习应以竞赛规则为准绳，也可以根据具体的情况增加新的要求。如由教师或学生担任裁判员，依照竞赛规则和裁判法按程序进行真实的裁决，使实战的激烈程度更接近真实的比赛，更能保障技战术运用的有效性。它要求学生对待实战就像对待比赛一样，要全力以赴，在力争打好实战的同时，要排除对胜负结果计较心态的干扰，敢于大胆使用高难度技术动作和尝试运用新的战术，在成功与失败的反复过程中不断地总结经验教训。如果遇到的对手比自己强，可有意识地提高自己的优势技术；如果对手弱，可锻炼自己的弱势技术，使自己的弱势技术得到加强与改善。由于实战是身体的直接对抗，对每个人都会产生一定的心理压力，也难免不发生受伤事故，尤其是对低年级和技战术能力稍差的学生心理压力更大，因此，实战练习的安排一定要适时、适度，决不能过早、过频；配对组合必须合理，避免因技战术实力悬殊过大而造成学生的心理障碍和伤害事故的发生。

第六节 空手道教学课的任务与结构

一、教学课的任务

空手道教学课的任务是由教学进度决定的，但任务的提出一定要符合空手道技能形成的特点和体育教学的普遍规律，根据学生的基本情况，制定切实可行的任务。任务过高，学生可能就会失去信心并形成空话；任务过低，则不能激发学生学习的积极性，不能达到应有的教学效果。

二、教学课的架构

空手道教学课的结构与其他体育课的结构基本相同，包括教学内容、组织教法、时间与练习量的安排等。根据人体机能活动变化的规律，一堂空手道教学课一般分为准备部分、基本部分和结束部分三部分，各部分有各自的主要任务、内容、组织教法与形式。

（一）准备部分

准备部分的开始一般是课堂常规，包括整队、点名、检查学生出勤率，宣布本次课的教学任务和要求等。

准备活动的内容包括：一般准备活动和专项准备活动。一般准备活动大多是进行一些慢跑、徒手操以及游戏性的练习，目的是使全身肌肉、关节、韧带得到充分的活动，为专门准备活动打下一定的基础。专项准备活动多以与基本部分相关的辅助练习或安排一些空手道练习中起基础作用的动作，如踢腿步法等进行练习，目的是使身体各器官机能以及各肌群、关节、韧带做好充分的准备。

组织方法，可以采用集体练习、分排、分组或个人分散进行。同时队型可根据情况而变化。内容由静到动、由小到大、有简单到复杂、由局部到全身，使身体逐步适应。准备活动的时间一般占全课时间的25%左右。

（二）基本部分

整个教学课的重点是基本部分，同时也是能否完成教学任务的关键。时间的安排一般占全课的65%左右。在基本部分的教学过程中，内容的安排顺序应放在首位。应把重点的教学和复习内容安排在身体充分活动开以后，身体各机能处于最佳状态时进行。因为此时学生的体力充沛，精力相对比较集中，能够确保达到最佳的教学效果。为了保证教学课有一定的运动量和运动负荷，在练习形式与练习次数上也应有所要求，集体练习时要增加练习的次数；而分排和配对练习，既能保证一定的练习量和负荷，又便于学生相互观摩学习。在组织教法上，要以能充分发挥教师的主导地位为主，教师要注重调动学生的积极性，注重对学生组织、分析问题和解决问题能力的培养，做到教学相长、取长补短。

（三）结束部分

结束部分是有组织地结束教学活动，包括：整理场地器材，进行合理的放松，对本次课进行总结和布置课外作业等。内容应根据课的性质选择一些降低运动负荷的练习，如徒手放松、两人互相按摩牵拉、比较缓和的游戏或听听比较舒缓的音乐等。

三、教案示例

武汉体育学院空手道技术课教案

院系：　　　　年级　　　　组别：　　　　任课老师：

<table>
<tr><td>周数</td><td></td><td>课次</td><td></td><td>上课日期</td><td colspan="3">年　　月　　日</td></tr>
<tr><td colspan="8">课的任务：1. 复习空手道技术“型”的下、内、外、上的格挡练习，完善格挡动作的稳定性和规范能力。
2. 巩固练习空手道平安一段，提高动作流畅性及动作发力能力，并能掌握各招式攻防意识。
3. 专项素质练习：快速提膝冲拳若干组，根据拳法技术动作的要求，提高出拳的速度和上下躯体协调配合能力。
4. 教育和培养学生团结互助、团队精神，协作共进的优良品质。
5. 引导学生在课堂上使用日语的基本术语，初步能达到双语教学程度。</td></tr>
<tr><td colspan="4">教学内容与要求</td><td>时间</td><td>次数</td><td colspan="2">组织教法</td></tr>
<tr><td colspan="4">一、准备部分
（一）课堂常规
1. 检查服装，点名。
2. 向国旗敬礼，师生敬礼问好。
3. 安排见习生，
4. 教师布置本次课任务和要求。
要求：站队快、静、齐，精神饱满，礼节幅度到位（敬礼身体前屈20度，眼睛直视前方）注意力集中，明确课的任务，强调准备活动手段以及练习密度，注意练习中的安全。
（二）热身准备活动
1. 跑步
要求：由慢到快，跑步时做出侧面交叉跑、提膝冲拳跑、左右垫步跑。
2. 徒手操
（1）拉伸运动；（2）肩部运动；
（3）腰部运动；（4）膝部运动；
（5）手腕、脚踝关节运动</td><td>1—2′

3—4′

2—3′</td><td>2×8拍</td><td colspan="2">组织如下图：（如图1）
男 * * * * * * * * *
女 * * * * * * * * *
◆—教师
教法：
1. 指导组长集合整队，由教师宣布本次课的任务和要求。
2. 安排见习生做力所能及的练习
（二）组织如下图：（如图2）
1. →
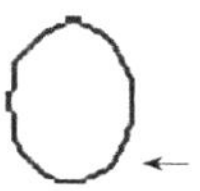
教法：1. 两列纵队绕场地慢跑。
2. 教师口令指挥有序进行。
3. 组织如下图（如图3）
男 * * * * * * * * *
◆
女 * * * * * * * * *
教法：1. 教师讲解、示范练习内容和要求。</td></tr>
</table>

教学内容与要求	时间	次数	组织教法
3. 专项热身活动 ①高抬腿②交叉步跑③冲拳提膝跑④上步逆冲拳⑤前屈立逆冲拳⑥上步勾腿⑦双提膝跑⑧跨步跑⑨俯卧撑起跳⑩冲刺跑 要求：认真、充分活动开身体各关节韧带。	6—7′		2. 指导组长指挥练习。 3. 教师提示主要动作和部位。 4. 组织如下图：（如图 4） A ××××××××← → B ××××××××← 教法：口令指挥 语言提示，变换练习法
二、基本部分 1. 练习柔韧性 直压腿、压胯、蛙腿压、压脚背、横叉、竖叉等。 要求；认真练习，充分活动，注意受伤。	10′		二、组织 1. 列队成练习队形（如图 5） ×××××××××× ×××××××××× △ 教法：集体练习口令指挥
2. 空手道基本技术练习；   要求：结合步法，左右练习，掌握要领，在练习时要有防守、进攻意识，同时提高动作的速度、力度把技术动作做规范。	35′	10 种×2 15×10	2. 两横排做原地与行进间往返练习（如图 6） → A ××××××××← → B ××××××××← （如图 7） A * * * * * * * * * * B * * * * * * * * * 教法；语言提示法、示范练习法讲授法、纠误法、对比法。
3. 复习平安初段 要求：掌握平安初段 30 个动作的姿势、结构，注意呼吸，冲拳的力度，步型的幅度等。	20′		3. 组织；原地集体练习（如图 8） * * * * * * * * * * * * * * * * * 教法；集体练习，单个纠正，对比练习，重复练习，口令指挥

<table>
<tr><th>教学内容与要求</th><th>时间</th><th>次数</th><th>组织教法</th></tr>
<tr><td>4. 专项素质练习；
左右提膝冲拳
要求；起动快，躯体上下协调配合，动作灵活，有速度、力度。
三、结束部分
（一）放松
（二）整理场地
（三）本次课总结</td><td>10′</td><td></td><td>4. 组织；
2 人一组相互交换练习
教法；计时法、持续练习重复练习、对比练习
三、组织：
1 两人一起相互放松
2 大家一起整理
3 集中整队、师生再见</td></tr>
<tr><td colspan="3">运动负荷预计
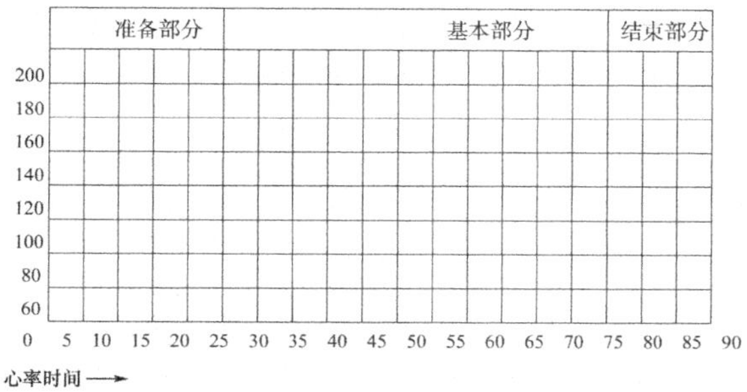
</td><td>练习密度预计：
准备部分：　%
基本部分：　%
结束部分：　%
全课密度：　%

所需器材：
1. 双面靶
2. 护具
3. 口哨</td></tr>
</table>

课后评议与小结		课后作业	

第七节　空手道技术训练的方法

空手道技术训练，包含着基本动作的基本技术和基本动作的运用能力两个方面的内容。无论是提高基本动作的质量，还是提高其运用能力，作为一个有着天然联系、不可分割的整体，从训练方法上来讲是不能截然分开的。从动作要素到技术要素，都一定是围绕着实战进行的，只是在实战这个整体构架下的各个环节，其训练方法有着不同的实施过程而已。动作要素训练侧重于基本动作的规范、质量与熟练程度，技术要素训练侧重于实战中的运用与变化。侧重点不一样，训练内容就会随之改变。动作要素训练的内容侧重于掌握基本动作的合理性，技术要素训练侧重于基本动作在比赛实战动态条件下运用的有效性。

空手道技术技能训练所采用的方法应本着从易到难，从分解到完整，从简单到复杂。从个人操控、模拟操控、条件实战到比赛实战对抗这样一个循序渐进的原则进行。

一、自我练习

在充分了解和熟练掌握动作要领后，多采取原地反复练习来不断强化、巩固正确的动作，面对镜子，边练习边检查，重点体会动作的运行路线、方向、角度、用力技巧与击打的准确性，对动作的力量、速度暂不做强调。在练习中要及时发现并纠正错误，特别要防止动作击打前出现预兆，尽量提高动作的隐蔽性；逐步加大练习的强度与密度。通过这种反复练习，不断强化运动员的动作意识，使之形成正确的动力定型。

二、结合步法练习

在经过不断强化原地练习并掌握动作规范之后，应结合相应步法进行单个动作的练习。其目的是使运动员能够保持在动态中的平衡和提高行进间完成各种攻防动作的能力。训练的重点就是解决身体各部位的协调配合、完整一致。可采用先移动再进攻；或进攻、移动再进攻等方式进行，保证快速、隐蔽、准确地完成各种攻防动作。

三、空击练习

空击练习是假设想象对手运用某种攻防方法或身体所处状态，从比赛实战需要出发，根据自身实际情况，选编一组或几组进攻与防守反击的打法，进行徒手空击的练习。空击练习不仅能有效提高和巩固掌握技术动作的熟练程度，还能使神经传导通路（即：感觉器官→传入神经→运动中枢→肢体运动）这一复杂的信息传递过程得到改善和加强，提高反应能力和动作速度。空击练习可根据掌握技术的熟练程度和不同的训练要求而分阶段、分步骤来实施。单个技术动作空击：通过对某一种攻防技术动作（腿法或防守动作）结合步法的反复练习，来提高动作质量和熟练掌握技术动作的水平；组合技术空击：将进攻和防守动作运用方法串联成组合形式进行反复练习，来提高组合技术运用的协调能力及动作间的衔接转换速度。随机组合空击：借助想象来假设对手将要采取的各种行动，运用随机组合的技术动作，进行想象中的攻防练习，来提高技术动作的运用能力和临场应变能力。

四、相向空击练习

相向空击练习是指两人间隔一定的距离（以不接触为标准），面对面进行攻防练习的方法。他要求双方运动员要视对手的反应而作出与之相应的合理反应。其特点在于双方并无身体接触，因而给双方运动员的技战术动作无限自由发挥的空间，能够大胆地去做自己想要做的动作，特别是一些难度较大或创新的技战术动作，使之能够在这种反复练习中，接受不断的检验而逐步提高，日臻完善。其目的是培养运动员的观察力、判断力，提高运动员辨别和掌控实际的能力和快速果断的反应及反击能力。它采用的形式可以是一攻一防的练习，可以是互为攻防的练习，可以根据训练需要而指定或自由进行单个或组合技术动作的进攻、防守、反击的练习。无论是哪种形式的练习，由于双方身体不接触，因此完成动作的速度、力量要按比赛实战的标准去要求。

五、条件实战

条件实战是指有一定条件限制的实战练习方法。这是由基本技术、组合技术向比赛实战运用技术过渡的必由之路；同时也是根据阶段训练内容、任务以及为提高运动员的某种能力而设置的一种常见的训练手段，如为提高一方对前手拳的迎击技术，规定另一方只能以后手拳进攻；为提高另一方的瞬间启动能力，另一方必须向前攻击等。在这个过程中，还可有目的、有意识地根据运动员的身体条件或技战术特长，培养、提高他们的得意技术，形成绝招等。它具有较强的针对性，对提高各类技战术动作的运用能力有着重要的、不可替代的地位和作用，是进行实战训练的基础。

六、实战练习

实战练习是指严格按照规则的要求，在近似比赛的条件下运动员之间进行的实际对抗训练的方法。实战是检验运动员一切技战术动作的运用能力及其实效性的唯一标准。它既能全面检验以往各种训练方法的训练成果，又能在实战环境下对运动员在智能、技能、体能、心能（心理能力）等各方面存在的问题进行诊断，为比赛和今后的训练提供真实详尽的第一手资料。实战练习从训练方法与手段上来讲，最能满足一切从实战出发的客观条件，是运动员能够直接感受到实战动态变化的真实情况，并能根据这些变化，构建和完善自己的技战术体系，形成牢固的运动动力定型。值得注意的是：过多的实战练习，运动员容易产生运动损伤和厌战的心理障碍，过早地进行实战练习，技术动作易变形，不利于改善动作技术。

不同的训练方法有不同的作用，应根据运动员的实际能力与水平以及训练目的、任务、内容，将各种训练方法交替进行且有机地结合，科学合理地安排，才能达到预期的训练效果。

第八节　空手道技术训练的要求

空手道技能训练的根本目的，就是基本技术要求建立合理规范的动作动力定型，不断提高基本动作的数量和质量，不断提高专项动作的速度、力量和耐力。而且在比赛双方运动员的方向、距离、角度和姿势状态不断变化的动态条件下，使用基本动作进攻、防守和反击，从观察、判断到操作思维，因空手道组手竞赛规则要求，先到先得分，从直接进攻到抢攻，从晃动进攻到抢攻，从一次进攻到二次进攻，从选择战机、选择动作到选择部位等，完成一系列复杂的动作操作过程要求必须达到准确有效。

在这个操作过程中，对方的动作姿势状态是诱导信号，而对自己针对对方的诱导信号所采用的相应方法是一个效应结果。对方的动作在不断的变化中。因此，诱导信号具有不可预测性，在对方不可预测的诱导信号出现的瞬间，自己完成这种复杂的动态操作过程，主要依赖于人体生理的第二信号系统的动作条件反射能力。这种动作条件反射能力比建立基本动作的正确动力定型的复杂程度和训练难度要大得多。为了有的放矢地提高技能水平，使运动员尽快掌握和形成这种动态条件的反射能力，形成自动化达到本能条件反射的水平，训练时必须提出严格的训练要求来规范运动员的行为。

第九节　空手道运动员的体能训练

体能是运动员在训练、比赛过程中身体形态、身体机能、运动素质的综合体现，是各种竞技能力整体结构中最基本的竞技能力。它是由运动员的身体形态、身体机能、运动素质三部分构成。三个构成部分既各自具有相互独立的作用，又彼此制约，相互影响。其中任一因素的发展水平都会影响运动员体能发展的整体水平。运动素质是指体能能力之外的外在表现，身体形态、身体机能的好坏，最终通过运动素质来体现。空手道运动员的体能，是特指空手道运动员机体的运动能力，它是支撑空手道运动员在训练比赛中发挥技战术能力和作用的物质基础。

体能训练是指运用各种有效手段与方法，对运动员身体施加积极影响，从而增进身体健康，改善身体形态，提高机体技能和发展运动素质的练习过程。它与技术训练、战术训练、智能训练、心理训练具有密切的联系。科学的体能训练是提高技术、战术水平和运动成绩的基本环节，是运动员承受高强度负荷训练和比赛的基本条件，是获得、提高、稳定良好心理状态的基本途径，是有效预防伤病、延长运动寿命的基本保证。在运动实践中，运动员的体能训练是以发展运动素质作为体能训练的主要内容，并以此发展运动素质为途径进而间接达到改善身体形态，提高机体机能的目的。因此，我们通常所说的体能训练的内容主要包括力量、耐力、速度、柔韧和灵敏等。

不同的运动项目，不同的技能表现形式，对身体体能要求存在较大的差异。因此，只有充分而深刻地理解空手道专项的体能需求特点，才能克服训练的盲目性，才能有的放矢地、科学合理地安排训练内容，从而保证训练的方法与手段符合空手道运动规律、技能表现形式和比赛实战的特点。

竞赛规则既能规范运动员的比赛行为，又能引导技战术方向的发展。空手道比赛是以击打对方有效部位得分的多少为主要胜负标志的。运动员在比赛过程中，始终处于不断的移动中，频繁使用腿法、拳法进行有效的进攻、防守、反击等，在遵守规则和安全第一的前提下，最大限度地展现出人体的格斗技能之美。因此，它对空手道运动员的身体的体能要求特别高，突出表现在全面性方面。所谓全面性就是：凡是体能训练能够涉及到的多种运动素质，空手道运动对此都有着较高的要求。如击打需要力量，有力度才能得分和使对手有所顾忌，动作需要速度，有速度攻防动作才能迅速，移动、转换才能敏捷，才能做到“拳打人不知”；一整天的多轮次比赛需要耐力，没有良好的耐力素质，再好的技战术都无法运用与发挥；腿法击头分值高（横踢击打躯干部位有效得 2 分，挂踢攻击头部 3 分），需要较好的柔韧性，比赛中的攻防进退、瞬间启动、衔接转换、闪躲迎击等需要较高灵敏性。

作为一个多元动作结构类变异性的交手对抗项目，其身体机能指标同样反映出全面性的特征。它既反映了空手道项目的运动特点，又是提高和深化空手道项目体能训练的依据。比赛实战中单个动作或快速的组合动作击打，爆发力是其必备的首要素质，因而运动员的 ATP—CP 代谢能力必然要强；每场比赛 2～3 分钟的持续激烈地对抗和一天多轮次的比赛，运动员需要具有最大的乳酸代谢能力；在有限的时间内保证完成动作的数量和质量，运动需要较好的乳酸代受能力；运动员在寻找战机伺机进攻的相对对峙时、动作间短暂的间歇期（为给下一次进攻积蓄能量），需要较好的有氧代谢能力。速度、力量、耐力、柔韧、灵敏这些运动素质都会在比赛实战中综合反映出来。基于此，在训练过程中不能偏向某一个因素而忽视另一个因素，应该充分认识和考量各种因素，保证其均衡性，此长促彼长，彼此互相促进，采用适合的训练手段使它们同步增长，这是空手道科学训练必须把握的一个重要环节。

柔韧素质是指人体各关节活动范围的大小、肢体运动的幅度和肌肉、肌腱、韧带等软组织的伸展能力。空手道比赛对抗激烈，动作转换迅捷，击打动作幅度大、速度快，对运动员的肩、肘、腕、腰、腿、踝关节的柔韧素质有着很高的要求。柔韧性的训练不足，会造成肌肉、韧带僵硬，动作幅度小，这不仅直接影响空手道技能的提高，而且阻碍着力量、速度、协调能力的发展，极易使运动员在训练中发生损伤。柔韧素质分为一般柔韧素质和专门柔韧素质。对空手道运动而言，柔韧素质在训练比赛中有着重要意义。

（一）柔韧训练的练习强度与量的安排

1. 练习强度：柔韧训练的强度，表现在运动员拉伸肌肉、韧带时用力的程度和负重量的大小。对于前者，空手道训练实践中常以运动员的自我感觉为练习强度控制的量度：当肌肉感到胀痛时可稍加用力或保持用力的程度，当肌肉感到酸时可减少用力的程度，当肌肉感到麻应停止练习。采用负重方式进行柔韧训练时，完成强制性慢动作拉伸的负重量可相对大些，但不能超过拉长肌肉力量所能达到的50%的负重量（以运动员最大忍受程度为限），在完成负重快速摆动练习时，其负重量因人而异，约为最大负重的10%。

2. 练习时间与组数量：练习的重复次数、组数与持续时间，取决于关节的特点、运动员的年龄和性别以及动作的性质和动作的速度。

在一堂训练课中，每组练习一般重复10～20次，摆动动作每组练习的持续时间一般为15秒左右，被动训练的静力拉伸视情况可持续2～3分钟，少年运动员的练习量应比成年运动员少50%～75%。

3. 动作的练习速度：柔韧训练的拉伸练习，可用缓慢的速度，也可用急骤的速度。慢速的拉伸能有意识地放松对抗肌，较少引起牵张反射，训练效果较好；急速的拉伸则体现了空手道专项的特点和竞赛特点（爆发式的发力击打）。在空手道柔韧训练中，两者应有机结合，以提高柔韧素质的质量，满足训练柔韧性的要求。

4. 间歇时间：间歇时间的确定，以保证运动员在完全恢复的条件下进行一组次的练习为基本原则。间歇中应安排肌肉放松练习，使有关关节得以充分放松。

空手道运动员的体能训练，确实是一项全面、复杂、精细的系统工程，在实践中要做到有序地进行训练，使各种身体素质互相促进，形成合力，共同为空手道专项技能服务，并不是一件容易的事情。因此，空手道运动员各种素质训练的目的要明确，关系要清楚，思路要清晰，方法要得当。其指导思想可定位为：以速度素质为中心，以力量、柔韧素质为基础，以耐力素质为保证，发展力量、柔韧素质要为提高速度素质服务，体能训练的一切方法手段要以速度素质为龙头，带动促进其他素质同步增长。

（二）柔韧训练的方法

1. 静力拉伸法：该方法是指通过缓慢的动作，将肌肉、韧带等软组织拉长到某一限度时，暂时保持动作静止，使软组织处于拉伸状态的练习方法。它最大的功能是使软组织的伸展性有足够长的时间得以锻炼，有效发展一般柔韧素质。

2. 动力性拉伸法：该方法是指有节奏地通过多次重复同一动作的练习使软组织逐渐地被拉长的练习方法。它最大的特点是主动性拉伸时，肌肉张力变化的高峰值约为静力拉伸的 2 倍。能够最大限度地发展柔韧素质，扩大动作伸展幅度。

动力拉伸法和静力拉伸法又有主动训练和被动训练两种方式。主动训练是运动员依靠自己的力量完成拉伸练习，如自我进行各种压腿、劈叉、横叉等维持最大幅度拉伸的静力练习等。被动静力拉伸是借助外力（同伴、器械、体重等），如队友帮助进行压腿、横叉、劈叉、压肩的练习；负重压腿、垫高脚部进行负重的劈叉、横叉的练习等。柔韧训练中常将动力拉伸与静力拉伸、主动训练与被动训练结合起来，使拉伸练习有动有静，动静结合；有主动有被动，主动与被动结合，提高柔韧训练的质量。

（三）柔韧训练的要求

1. 柔韧训练要与力量训练适当结合：柔韧训练需与力量训练相结合，这不仅旨在保证两者素质同时增长，更重要的是可以避免或消除两者之间的的不良转移。要十分注意柔韧训练后的放松练习，使肌肉练得柔而不软，韧而不僵。

2. 柔韧素质训练应以专项要求为准：柔韧素质的最佳发展程度，不能以运动员争取达到骨骼装置确定的最大限度为原则。对空手道项目来讲，柔韧素质发展到能够满足专项技术的需要即可。倘若发展过度，则会引起肌肉失去弹性、击打无力，收腿困难的不良后果。

3. 柔韧素质训练应当坚持不懈进行：柔韧性的发展比较容易见效，但一旦停止一段时间的训练，则极易使柔韧消退。因此，柔韧素质训练要经常进行，特别是专门柔韧素质训练更需要如此。

第八章　空手道运动的损伤与预防

空手道运动是一项激烈紧张、变化万千的对抗性搏击项目，它是以拳、脚直接击打对手的有效部位得分而取胜的现代竞技体育运动。因而空手道比赛训练中学生受伤的概率较其他项目要多，为此空手道比赛制定了有关比赛中义务监督的若干条例，以保证参赛者能有效的预防损伤与及时妥善地处理伤害事故。

第一节　空手道运动员常见损伤

一、击倒后休克

空手道组手比赛中，分为上段击与上段踢，上段击和上段踢主要攻击部位就是头部的面部和脸颊两侧，运动员如果技术不当和因对手撞击遭受重击（正常击打或犯规击打）后，常常会出现瞬间休克和短暂的意识丧失，严重时可出现昏迷。

二、擦伤

空手道在训练或比赛击打过程中，面部部位的皮肤受到摩擦而浅层表皮破损，是常见的作为一个必须发生身体接触的对抗项目，此类损伤发生概率极高。常见的受伤部位是脸颊、鼻、口部等。

三、挫伤

挫伤是指皮下组织（主要是肌肉）受伤而皮肤无破皮现象，在空手道运动中，脚踢、拳打或发生身体冲撞等动作都有可能发生挫伤，有的发生在肌肉表层，有的则发生在肌肉深层，严重的还可发生肌纤维撕裂，常见的受伤部位是躯干、手臂、脚踝、小腿和睾丸等。

四、扭伤

扭伤是指软组织撕裂与断裂，空手道发力的方式是突发性和爆发性，速度极快且转换迅捷，极易发生此类损伤。常见受伤部位是各关节部位如腕关节、踝关节、肘关节、肩关节、膝关节及大、小腿后群肌肉等。

五、慢性损伤

空手道运动中，脚的使用很多，所有踢击几乎都由脚踢来完成；发力主要是依靠蹬地拧腰产生击打力量，在长期训练比赛中，包括空击，打沙包，击打护具等，都会产生反作用力，较易引起踝关节、膝关节、腰椎关节等部位的慢性损伤。

第二节　空手道运动中常见损伤的处理

一、击倒后昏迷的处理

因技术犯规而导致瞬间休克或昏迷，在平时的教学训练中甚为少见，但在空手道的比赛中，其发生的概率要高很多。当被击中要害部位如头部时，导致出现短暂的意识障碍而倒地不起或神志不清、站立不稳、动作失调、双目失神等现象。

（一）脑震荡的处理

头部遭受重击后最易出现脑震荡，表现出短暂的意识障碍。此时，要先检查运动员的两眼瞳孔，看一下左右瞳孔是否对称一致。如果发现一大一小，说明已经脑震荡，需及时送医院救治（同时可用拇指刺激伤者的人中、内关、涌泉、足三里等穴位）。出现脑震荡的运动员，至少一个月不得参加训练比赛。

（二）裆部、睾丸受伤的处理

当被误击到裆部、睾丸时，可采用一人抱住伤者腰部，自已托住裆部向上跳或蹲下的方法进行缓解，但受伤严重时，一定要进行检查。首先看外部是否出血，再看睾丸部位是否进入腹腔。如有此两种情况应送至医院治疗。

（三）腹部、腹腔神经丛遭重击的处理

当腹部、腹腔神经丛遭重击时，亦可出现暂时性的休克状态，表现为意识清楚。但产生语言障碍，经过休息观察后，如很快恢复则无事，可继续比赛，如仍有其他的不适感觉，则应到医院进一步诊治。

（四）击中颈动脉的处理

颈动脉遭受重击而引起的休克或昏迷，情况较为严重，应予以高度重视。急救方法同脑震荡。

（五）处理休克常用的应急措施

1. 体位：使伤员处于正常体位，将头和躯干抬高 10 厘米，下肢抬高 20 厘米，以增加回心血量，改善脑部血流和缺氧状况。

2. 保暖：给伤者盖上棉被或其他保暖用品，以免受凉，使伤情恶化或发生并发症。

3. 保持呼吸顺畅：给伤者因击中颈部动脉，会导致呼吸困难，气体交换不良，缺氧和二氧化碳堆积，将会使伤者的休克现象恶化。应及时检查伤者口腔内是否有血块或呕吐物，并观察伤者瞳孔、呼吸、脉搏等情况；检查是否伴有脑震荡，无则立即进行人工呼吸，使之恢复常态或立即送入医院诊治。处理此类伤情，需要经验丰富的医生视情况及时处置，不可大意或拖延时间。

4. 控制内出血：比赛中，头部或胸腹部遭受重击时，可能会出现不同程度的内、外出血现象，对中、重型内出血伤员，应迅速及时地内服止血药，然后转送医院救治；外伤出血者，应及时采用止血法进行无菌加压包扎止血，视情况送医院进一步治疗。

二、擦伤的处理

当表皮有擦伤时，可用生理盐水冲洗，用凡士林油纱布包扎伤者患处，这样不仅可以及时止血，还能起到保护擦伤皮肤表面、避免感染的作用；当鼻出血时，可用食指、拇指相对压迫鼻翼两侧，用冰袋进行冷敷，如需继续比赛则用麻黄素棉球塞入鼻孔内（时间不宜过长，以免影响呼吸）。擦伤一般不会影响比赛的进行，但应及时而妥善地处理，严防感染。

三、软组织挫伤的处理

软组织挫伤一般有韧带、肌腱及肌肉的撕裂、断裂与挫伤。当发生此类损伤时，首先要检查患处，确定受伤类型和有无其他并发症。及时用镇痛冷雾剂喷洒伤者的患处（也可用凉水冲洗），如有需要可外敷消肿止痛药，并使用绷带加压包扎固定。

四、骨伤的处理

（一）开放性骨折脱位

当出现此类损伤时，首先应对伤者进行止血处理，对伤口消毒并用消毒纱布包扎作临时固定，然后转送医院治疗。不要将凸出于创口外的骨端回纳（不要对骨骼复位），以免感染。

（二）闭合性骨折

发生闭合性骨折时，应在最短时间内对伤员就地施行整复手术。在发生损伤的短时间内，肌肉组织出血和肿胀尚未到达最高值，较易复位，复位后应做固定处理；伤情严重者待初步处置后应立即送医院做进一步诊治；值得注意的是：未经固定处理的均不可移动患者，以免加重损伤或发生休克等意外事故。

在空手道比赛场和训练场，应配备已取得空手道等相关运动专业医务监督资格期临床经验丰富的医生和必备的医疗器材、常用药品，制定应急的医疗方案与措施，当运动员发生损伤时，能够及时进行现场急救。总之，当发生损伤时，无论伤势轻重，都应在医务人员的指导下进行处置，且不可擅自处置、延误诊治时间而引发严重后果。

第三节 空手道运动员损伤的预防

任何运动损伤的发生，都有其发生的机制、原因和规律，在训练比赛中要弄清损伤发生的原因，掌握损伤发生的规律，特别是对运动员的身体状况、技术水平与能力、易发生损伤的部位（身体薄弱部位）等，我们要了如指掌，做到心中有数，才能有效地预防各类损伤的发生。

一、强化身体体能和专项运动机能的训练

发生运动损伤多与身体机能水平、转向运动机能特别是各类身体素质的强弱有关。当身体素质不能满足专项运动技能的需要时，强行去完成一些难度较高的踢击动作，则极易发生扭伤、挫伤及各关节韧带的撕裂伤，严重时还可能造成肌肉韧带的断裂；当运动员的专项技术水平达不到实战、比赛的要求、特别是专项基本技术不成熟时。一些超越运动员自身能力水平的训练实战对抗练习，同样也会造成上述损伤事故的发生，可能因技术水平低而在对抗练习中，遭受不必要的击打，甚至危及生命。因此，强化身体技能和专项运动机能的训练，能有效地预防、减少空手道运动员损伤的发生。除此之外，还应加强身体一些以受伤部位的力量训练，由于空手道是对抗性较强的运动，所以某些部位容易受伤，如手指、踝、膝等关节部位。加强股四头肌的力量训练可以加固膝关节，减少损伤；加强腰部力量训练，可以预防腰肌劳损基因其他因素引起的腰部损伤；多做提踵练习来加强踝关节力量，防止踝关节挫伤；加强身体的抗击打训练，可以预防和减轻因踢击而发生的四肢挫伤等。

二、安排训练科学化、合理化

作为一个紧张激烈而富于变化的对抗性竞技体育运动，顽强拼搏、坚韧不拔的意志品质是一个空手道运动员必备的心理素质之一，不惧对手，不畏艰辛是空手道精神的具体体现。在比赛中我们可以要求运动员这样去做，但是在平时训练中必须遵循运动训练的规律和空手道的运动特点，应针对运动员不同的年龄、不同水平、不同身体机能的实际情况，在训练的安排上，特别是实战等对抗性练习，要做到因人而异，循序渐进，科学地安排运动负荷，合理地制定练习内容。疲劳训练、水平悬殊或是体重悬殊的对抗练习等都是造成损伤发生的原因之一。

三、加强医务监督

建立和健全医务监督制度，是预防运动损伤的重要措施之一。在比赛中必须严格执行医务监督条例，尊重和服从医务人员的建议与决定。在平时训练中也应加强医务监督，对运动员的各项生理、生化指标及训练过程进行监控和检查，及

时了解、掌握运动员对训练的反应：如运动负荷是否合理、强度与密度是否恰当、是否疲劳及训练的手段方法是否有效等；特别是伤后、病后的恢复情况，更应做到心中有数，为科学合理的安排训练与比赛提供依据。在训练过程中要合理的安排好运动员的训练与休息，必要的调整是保证训练正常进行和恢复疲劳的重要环节。

四、准备活动要充分

空手道是一项对抗的交手项目，动作启动快爆发力强，直接有身体接触，常常有突然性的爆发式的发力，需要身体特别是四肢有较好的柔韧性和保证各关节的灵活性。因此在空手道训练中要有充分的准备活动，将脚趾、四肢、躯干等大肌肉群几个关节活动开，应特别注意大小腿韧带的伸展练习，以确保完成难度较高的踢击腿法，避免受伤。准备活动是形式多样的，丰富多彩的，提高运动员的参与兴趣；要与训练课的主要任务相衔接（准备活动专项化），即达到活动身体的目的，也能为训练课的主要任务服务，一举两得。

五、严格执行规则，严禁开玩笑

空手道是按体重级别进行比赛的，体重的差别有一定的限度，因此，应严格按照体重级别参加比赛和实战训练并严格执行规则，以规则为准绳。安排体重相差较大的两个人对抗练习时，应在教师的监督和指导下进行，教师要全程监控，视情况随时暂停或终止练习，防止损伤发生。空手道对抗紧张激烈且变化万千，在比赛中不确定因素较多，偶然性强，双方运动员都应注意力高度集中，认真对待每一个环节，保持一定的紧张度很有必要，即使是在训练中也不可嬉戏或开玩笑，任何放松和疏忽都会造成伤害事故的发生。

第九章　空手道教练员的的临场指挥

第一节　临场指挥的作用和特点

一、临场指挥的作用

临场指挥是指教练员在比赛的过程中，根据比赛场上的实际情况，为了使运动员最大限度地发挥技术水平，争取处于有力的姿势并取得比赛的胜利，对运动员的比赛行为进行正确的指导。空手道竞赛规定，运动员在比赛时，教练员坐在比赛场地指定的位置，待运动员在比赛进行中可以使用语言提示和赛前安排手语等指导。空手道竞赛规则给教练员提供了临场指挥的条件，教练员如何利用临场指挥的宝贵时间和机会，对本方的运动员进行有效的指挥，不仅仅是教练员在竞赛工作中的一个重要任务，而且还必须具有高超的指挥艺术。在运动员势均力敌，甚至于竞技能力稍有逊色的情况下，正确的临场指挥对于运动员取得比赛的胜利会起到意想不到的作用。

竞技体育的每一个运动项目，运动成绩都是运动员竞技能力的各种要素综合较量的结果，整体实力强的运动队、运动员会取得好的成绩，这是一个普遍的规律。但是，除了整体实力强这个因素之外，成绩的好坏还与运动员能不能正常发挥技术水平与教练员的临场指挥得不得当有关。整体实力强，在比赛中不能正常发挥，临场指挥不得当，也可以导致比赛的失利。特别是对抗性的运动项目，教练员临场指挥得不得当，会对比赛的结果产生重要的影响。这种影响是建立在整体实力基础之上的，如果双方运动员的实力相差不大、各有千秋，正确的临场指挥可以力挽狂澜；如果相差实力太大，再好的临场指挥也不可能改变失败的结局。

空手道是一个运动员智能、技能、体能、心能的各种竞技能力要素相互影响、相互作用的对应关系十分强烈而且内容十分丰富的对抗性运动项目。相生相克的特点为运动员充分发挥竞技能力要素的作用提供了最大的空间，增加了胜负难测的变数。谁能采取正确的措施克制住对方，不让对方的优势得到充分的发挥，或者扬己长、克彼短都能出奇制胜，除了运动员自身的技术和战术按照相生相克的原理进行操作之外，也为教练员的临场指挥展现艺术水平、左右比赛胜负提供了用武之地。作为一名教练员，欲在比赛中运筹帷幄、驾驭整个比赛的过程，就必须学习、研究、掌握临场指挥的理论和方法，并在实践中不断地积累经验。

二、临场指挥的特点

空手道组手比赛一般采取淘汰制，输赢只有一局比赛，根据空手道年龄阶段要求，其场上净打时间是2～3分钟，所以说运动员在场上发挥至关重要，如果运动员没有及时调整场上状态，这时教练员在指挥可以有效及时纠正运动员在场上犯昏状态，空手道比赛不同于其他的一些对抗性比赛项目，如跆拳道、散打等，这些项目都是回合制，每场比赛基本是3局，如第一局没有发挥状态后面还有时间。空手道比赛教练员可以按照规则要求，运动员在比赛进行时，教练员帮助运动员发现对手弱点、漏点等，再对运动员语言提示使用合理有效技术得分，如比分领先时，教练员要提醒运动员控制好比赛节奏，如比赛落后时，教练员要提醒运动员及时调整战术和打法，尽快得分，在短时间内教练员必须抓住能够影响胜负的关键性问题，如对方有什么样的主要破绽？采用什么样的技法进行攻击？对方的主要得分手段是什么？怎么样进行克制？战术上如何进行调整？心理上需要提示沉着、冷静、勇敢、顽强等等。比赛中途教练员不能“叫停”进行指导，更不能中途换人。

临场指挥的敏锐性特点：

教练员临场指挥的艺术高不高明，主要反映在临场指挥的敏锐性上。“敏”是指发现运动员比赛存在的主要问题快，“锐”是指采取措施的有效性准。由于空手道涉及运动员竞技能力的因素复杂，教练员能够敏锐地进行临场指挥是一件不容易做到的事情。首先，对运动员智能、技能、体能、心能要素的作用及其具体表现要有深刻的理性认识；其次是需要积累丰富的临场指挥经验，才有可能发映出教练员高超的临场指挥水平。例如，比赛前半部分本方运动员凭技能已经领先对手，可是体力已经严重透支，如果得不到充分的调整恢复，下半局有肯定会输，在这样的情况下，如果教练员再继续要求运动员继续拼打、得分，这时对方运动员可能会调整战术，抓住本方运动员体力不支，发起进攻，最终可能会输掉比赛，教练员对竞赛规则的合理利用，对运动员技能、体能的相互关系有深刻的认识，并能敏锐地做出正确的抉择。

第二节　临场指挥的原则和要求

一、临场指挥的原则

（一）临场指挥的针对性原则

临场指挥的目的是为了指导己方运动员有的放矢地采取战胜对方的比赛措施。虽然运动员在比赛场上使用拳法、脚法和摔法，本身就是为了击中对方得分，但是在瞬息万变的情况下，运动员选择时机、选择技法、选择部位，发出的动作不一定能够达到最佳效果。俗话说："当事者迷，旁观者清。"教练员在场边观看双方运动员的比赛，不但要准确地发现自己运动员存在的主要问题，而且更要准确地观察出对方运动员得分的主要手段和存在容易被攻克的薄弱环节。然后，形成具体的行动方案，在比赛进行时的有效时间内，明确地将意图传达到己方运动员。指导的行动方案能否立竿见影的发挥作用，关键是看通过现场观察所制订的行动方案针对性强不强，针对性越强效果越好。例如，对方运动员主要依靠拳法攻击得分，那么，提醒运动员注意使用方法反击对方的腿法。同时，加强拳法的进攻迫使对方不停地移动，从而造成对方拳法得分的困难。

（二）临场指挥的应变性原则

虽然运动员在上场比赛之前，教练员通过各种途径了解到了对方的具体情况，并根据双方运动员的虚实利弊，教练员对自己的运动员已经作了如何使用技术和战术的周密安排。但是，徒手对抗的空手道组手项目，双方运动员发挥技术的实际表现变化很大，在赛前设想和制定的战术很有可能派不上用场。因此，教练员需要根据赛场形式的发展和变化，根据场上运动员的具体表现，及时、果断地调整己方运动员的打法和战术。教练员临场指挥的应变能力依赖于丰富的比赛经验和敏锐的观察、分析、判断、决策能力。比赛时，运动员使用技法的应激行为和战术行为具有很大的随机性，都是根据对方运动员的动作伺机而动、随机而发，教练员只有对双方运动员当时表现出来的习惯性打法以及表现出来的长处和短处进行敏锐地捕捉，按照相生相克的技击原理，迅速的形成针对性的应变方案和具体措施，才能随机应变、灵活自如地进行临场发挥。

（三）临场指挥的出奇性原则

在比赛过程中，运动员的动作容易受对方动作的诱导。例如，甲方运动员用拳法进攻，乙方运动员也会用拳法反击；甲方运动员用腿法进攻，乙方运动员也会用腿法反击，从而形成了以拳对拳、以腿对腿、拳腿交加、互相对攻的格局。这种格局的取胜主要取决于运动员的体能，谁的体能好，谁就能取胜。空手道的技法互相之间具有相生相克的特征，只有使用相生相克关系紧密的技法互相攻击，才能够反映出技法使用的巧妙，巧能生奇，奇能制胜。因此，临场发挥的出奇性原则就是为了改善技法使用"以硬碰硬"的状况，充分发挥运动员依靠智能和技能取胜的主导因素。例如，甲方使用拳法，乙方用腿法反击；甲方使用腿法，乙方用接腿摔或相克的腿法反击，以最小的消耗达到最佳的得分效果。

二、临场指挥的要求

（一）必须具有良好的心理素质

在比赛的过程中，教练员和运动员的心理负荷都同样存在着"想胜、怕输"

的心理压力，特别是一些涉及进入名次的关键场次、主要对手、重点级别时，教练员的心理负担有时会大于运动员。除此之外，教练员还要承受双方运动员的比分交替上升，观众震耳欲聋的助威呐喊声，对裁判员的判罚与自己的认识不同的思想影响等等。严重干扰和影响教练员心理变化的因素很多，导致心理的负荷很大。因此，教练临场发挥时，要求必须具备沉着、冷静的心理素质。如果教练员抗干扰、抗负荷的心理能力差，不能保持清醒的头脑，就有可能对双方运动员竞技能力的表现做出错误的判断，从而对本方运动员做出错误的决策。

（二）必须具有广泛的信息收集能力

竞技体育比赛技术保密的情况越来越普遍，特别是个人的对抗项目，针对运动员普遍存在的动态规律而建立起来的新对策、新技术和新打法的发展变化很大，赛前隐藏自己的实力，比赛出其不意地给对方以沉重打击的情况屡见不鲜。虽然赛前每一个教练员都会对自己的运动员在如何使用技法和战术上进行周密的部署和安排，但是在某种程度上一般都会带有教练员的主观分析、主观预测的成分。因此，临场指挥的客观依据还是比赛的实际情况，教练员在运动员比赛的过程中，必须具有快速、准确、广泛的信息收集能力。教练员的信息收集包括双方运动员的心理表现、技术特点、战术打法、体能情况、得分手段、存在弱点等方面的内容。

（三）必须具有准确的综合判断能力

通过临场观察收集到双方运动员的各种信息以后，需要教练员迅速地进行综合分析和判断，并对本方运动员以后的比赛行为做出正确的决策。因此，对双方运动员在比赛中各种竞技能力的具体表现，迅速、准确地进行分析和判断是正确决策的前提条件。教练员良好的综合分析判断能力主要表现在，能够迅速地捕捉对方运动员的战术意图和战术表现，能够敏锐地发现对方运动员的技术特长和得分手段，能够准确地洞察对方运动员的薄弱环节，包括动态、技术、心理和体能方面的弱点，能够了解本方运动员存在的致命问题等等。在这个基础之上，胸有成竹地形成应对的具体办法和措施，在比赛进行时，对本方运动员进行有效的指导。

（四）必须具有简洁的语言表达能力

语言是教练员将自己的决策信息传达给运动员的重要途径。语言表达能力是形成教练员临场指挥能力的一个重要组成部分。空手道比赛就只有一局比赛，肢体和心理都比较紧张，在这样的情况下，教练员如何将自己对比赛的客观分析和时下比赛的对策用简洁、明了、突出的语言告知运动员，使运动员尽快领会教练员的意图而且能够具有深刻的印象，将直接影响临场指挥的效果。教练员通过观察、分析、思考的行动对策再好，如果语言表达能力不强，重点内容不突出，词不达意，运动员不能很快地进行理解，肯定会在比赛中，不能完全贯彻和反映出教练员的真实意图。

第三节　临场指挥的内容和方法

一、临场指挥的内容

（一）心能调节

在比赛过程中，观察双方运动员的心理表现，并对自己的运动员提出相应的注意事项，进行有关心能方面的调节是临场指挥的重要内容之一。运动员的心能涉及意志品质和情感表现，随着比赛的进程和客观事物的刺激，运动员的心理会发生各种各样的变化。例如，遇到困难、挫折、危险时，或者比赛比较顺利而且比分领先时，运动员可能表现出紧张、急躁、松懈、气馁、焦虑、犹豫、畏惧、放松、大意等，不利于或影响技术水平发挥的心理品质，教练员应该及时地进行提醒，让运动员的心能恢复到正常的表现。

（二）技法指导

技法是攻击对方的手段。虽然空手道比赛双方运动员采用的主要技法，一般都不会脱离拳法、腿法和摔法的范畴。但由于不同的运动员对不同技法掌握的熟练程度不同，不同的运动员身体条件不同，使用技法的侧重点也不一样。因此，在比赛的过程中，教练员需要观察对方运动员主要使用的是什么样的技法？主要的得分手段和技术特长是什么？容易被攻克的主要薄弱环节是什么？同时，还需要观察自己的运动员使用技法存在的主要问题，应该加强技法攻击的方向等等，利用场上裁判在判罚时的瞬间进行针对性的指导。

（三）战术调整

运动员在比赛过程中，除了依靠动作条件反射所反映出来的应激行为以外，还需要战术行为来保证比赛取得胜利。虽然运动员赛前一般都会综合各方面的信息制订出比赛的战术方案，但是在具体操作实施时，有时制订的战术方案符合制胜对方的需要，能够发挥较好的效果；有时制订的战术方案与比赛的实际不吻合，或者是对方采取了有效的破解方法。因此，根据比赛的实际情况，教练员在观察双方运动员比赛时，就要在头脑中形成新的战术方案，利用期间裁判判罚时告知己方队员，尽快调整战术方案。

（四）体能支配

在比赛过程中，运动员体能的强弱和体能的消耗与运动成绩的关联十分密切。双方运动员在技能水平相差不多的情况下，如果体能比对方强，可以充分消耗体能来战胜对方。因为体能是技能的能量物质，体能消耗得越多，促使发出的技能动作越多，单个技能动作的力量越大，以体能的消耗为支撑，通过发出动作的数量和质量来争取多得分。如果体能比对方弱，可以掌握体能消耗的节奏，控制发出动作的数量，通过技法完成的技巧、质量和效果来多得分。双方运动员体能、技能的状况，可以从上半局比赛中得到大致的了解，利用裁判判罚暂停时间，将如何消耗体力的方案告知己方运动员。

二、临场指挥的方法

（一）语言表达法

语言表达法是指在比赛进行时，教练员将如何进行比赛的具体意见，通过口头语言表达的方式传达给自己的运动员。语言表达的内容要有针对性和有效性，要讲的语言必须准确、简洁、精炼而且重点突出，目的是使运动员尽快理解。

（二）手势传导法

手势传导法是指运动员在比赛过程中，教练员通过事先约定和相互理解的手势，表达出如何进行比赛的具体意见。虽然运动员比赛时必须聚精会神，但是在得分、判罚、暂停比赛等机会，运动员眼看教练员的瞬间，教练员可用手势进行临场指挥。

（三）神态示意法

神态示意法是指运动员在比赛过程中，当自己的运动员眼看教练员的瞬间，教练员用表情的神态，用点头或摇头进行临场指挥。俗话说："心有灵犀一点通"，教练员和运动员通过长期的了解，达到十分默契的程度，可以用神态示意法进行临场指挥。

（四）要点提示法

要点提示法是指运动员在比赛过程中，遇到比较紧急的情况，可以用"口令"的方式将具体的内容告知运动员。例如，对方运动员的某种拳法或腿法威胁很大，而自己的运动员没有警觉，可以小声提示注意"防拳"或"防腿"。

第四节　影响临场指挥效果的因素

一、教练员的威信

教练员是运动员成长过程的导师，在运动员的心目中应该具有较高的威信，这种威信是建立在平时与运动员相互信赖、相互合作、十分敬佩的基础之上的。教练员平时的语言、行为、学识、为人都是运动员的表率。特别是教练员的业务水平，包括训练指导和临场指挥都能够是运动员达到确信、服从的程度。教练员有威信，运动员就会对教练员的临场指挥深信不疑、言听计从、认真领会、尽力实施。在运动员比赛时，有的教练员不上场履行临场指挥的职责，而随意派运动员坐在教练员席位上指导，这种做法是不可取的。

二、临场指挥的水平

教练员的临场指挥是一个专门的业务领域，需要有专门的知识和丰富的实践经验来支撑。专门的知识主要是对空手道运动员竞技能力要素的深刻理解，在比赛过程中对双方运动员竞技能力的发挥情况的客观认识。丰富的实践经验是指能够敏锐地发现双方运动员存在的问题，准确的找出有针对性的应对措施，迅速地确定有效的具体行动方案。行动方案包括心能调节、技法指导、战术调整、体能支配等方面的内容。行动方案越具体、越有针对性、越符合相生相克的技击原理，实施的效果会越好。行动方案可以具体到针对对方的某一个薄弱环节，采取某一个具体动作和某一种战术。

三、临场指挥的时机

临场指挥的时机是指在什么样的情况下，对运动员进行指导才能取得最佳的效果。临场指挥一般分为两种情况，一种情况是在局间暂停休息时对运动员进行指导；另一种是在比赛过程中的紧急情况下，通过手势、示意、提示对运动员进行指导。暂停休息时，马上进行指导，但是要等运动员稍事休息冷静后再进行指导，特别是运动员临上场之前进行强调效果最好。比赛过程中，运动员无暇顾及时，教练员不能在一旁喋喋不休、指手画脚、大呼小叫，这样会分散运动员比赛的观察力、注意力和思维力。产生适得其反的作用。比赛暂停或者确有必要时，利用手势、示意、提示进行指导，不但运动员会心领神会，而且也显示出教练员临场指挥的艺术性。

附录一：世界空手道联盟2015最新竞赛规则与裁判法

一、组手规则

第一条　组手比赛场地

1. 比赛场地必须平坦且无危险。

2. 比赛场地是边长为8米（由场地外缘量起）的正方形场地，加上四周各一米的安全区，场地上应铺有经WKF认可的垫子。铺上垫子的场地四周还应有两米净空的区域作为安全区。

3. 将距离比赛场地中心点1米处的两块垫子反转，以红色一面向上，作为两位选手位置的标识。

4. 主裁应面向两位选手，站在距离安全区1米的两块垫子中间。

5. 边裁应分坐在场地四个角落的安全区内。主裁可以在整个场地内移动，包括边裁所在的安全区部分。每位边裁都将手执红、蓝旗各一只。

6. 赛事监督应坐在安全区外、主裁的左后方或右后方，并配备有红色旗子或信号标志与哨子。

7. 记分监察员应坐在官方记分台后，在计分员与计时员之间。

8. 教练员应坐在各自选手方面对官方记分台一边的安全区外。当比赛在台式场地上进行时，教练员应坐在台外（下）。

9. 一米的边界区应与场地其他铺垫区颜色不同。

附注：

I. 比赛场地安全区外围1米内不得有广告招牌、广告墙及广告柱等。

II. 铺设场地所使用的垫子与地板接触面须是防滑的，同时垫子表面的摩擦系数要低。使用的垫子厚度应比柔道比赛中所使用的薄，因为太厚会妨碍空手道选手的移动。主裁要确认垫子在比赛进行时不会分散，倘若散开，其间隙可能会对比赛选手构成危险并造成伤害。铺设场地的垫子必须被WKF所认可。

第二条　正式服装

1. 选手及教练的服装穿着，必须依照以下的规定。

2. 任何裁判或选手若未按规定穿着，裁判委员会可取消其资格。

裁判

1. 主裁与边裁在参加所有比赛或课程期间，必须穿着由裁判委员会所指定的正式制服。

2．正式制服的要求如下：

（1）单排两颗银色钮扣的深蓝色西装上衣。

（2）短袖白衬衫。

（3）正式领带，不戴领带夹。

（4）浅灰素色长裤且裤脚不翻边。

（5）素色的黑色或深蓝色袜子及在比赛场地使用的套入式黑色便鞋。

（6）女主裁或女边裁可以戴发夹和宗教规定所需佩戴的头饰（套），该头饰（套）必须是受WKF认证的款式。

选手

1．选手须穿着纯白无条纹、无滚边、和个人刺绣（绣的名字）的空手道道服。国家标志或该国国旗标志应佩带在道服左胸，其大小不得超过12×8厘米，只有道服制造厂商可以将其商标置于空手道道服上。此外，由赛事组委会所提供的身份识别标识应佩带于背部。选手必须一方系红色腰带，另一方系蓝色腰带。腰带宽度必须约在5厘米左右，且在打结后腰带两端应留有不少于15厘米的长度。腰带必须是素色的红色和蓝色，上面除制造厂商的商标外，不允许有任何个人刺绣（绣的名字和国家、团体名）、广告或记号。

2．尽管有上述规定，但理事会有权指定经过批准的赞助单位展示其特定的标志或商标。

3．道服在系紧腰带后，其下摆长度至少须遮盖臀部，但不得长过大腿的四分之三。女性选手可以在道服里穿纯白色的T恤。道服上的系带必须系紧，不允许穿着没有系带的道服。

4．道服的袖长不得长过手腕，且不可以短于小臂的一半。袖子不得卷起。

5．道裤至少须覆盖小腿三分之二且长度不得超过踝骨关节，裤腿不得卷起。

6．选手头发须保持干净且其长度不至于妨碍比赛顺利进行。禁止系头带。假如主裁认为选手的头发太长或不干净，则可取消该选手出赛的资格。禁止使用压发，金属发夹。运动员头发上不允许扎彩色丝带、珠串或其他装饰物；但是简单的橡皮筋或小型的发箍是允许的。女子选手可以佩戴宗教规定所需佩戴的头饰（套），但必须是受WKF认证的款式。

7．女子选手可以用一条WKF认证的纯黑色布制头巾来包住头发，但不允许遮挡住喉部。

8．选手的指甲必须修短而且不得佩带任何金属饰品或可能伤害对手的物品。只有在主裁及大会医生的允许之下，才可使用金属齿列矫正器，但选手必须自己承担因此而产生的任何伤害。

9．下列护具是必备的：

（1）经WKF认可的拳套，一方戴红色，一方戴蓝色。

（2）牙套（护齿）。

（3）WKF 认可的躯干护具（所有选手），女性还必需配戴护胸。

（4）经 WKF 认可的护胫，一方戴红色，一方戴蓝色。

（5）经 WKF 认可的护足，一方戴红色，一方戴蓝色。

（6）在少年比赛中，选手除需佩戴以上所要求的护具外，还需佩戴 WKF 认可的面具。不要求强制佩戴护裆，但如果佩戴必须是由 WKF 认证的款式。

10. 禁止戴眼镜，可戴软性隐形眼镜，但选手必须自行负责。

11. 禁止穿戴未经认可的服装或护具。

12. 所有的护具都必须经过 WKF 认证。

13. 赛事监督（Kansa）有责任在每一场比赛前检查选手是否穿戴着被 WKF 认定的服装和护具（在洲际、国际或国内的比赛中必须接受 WKF 认证的装备，不可拒绝。）

14. 如因受伤而需要使用绷带、护垫或辅助性护具，必须由大会医生建议，并取得主裁的许可。

教练

1. 在比赛期间，教练必须始终穿着他们本国联盟的官方运动服，并展示他们的官方身份证明，除了 WKF 正式赛事中的决赛。决赛中，男性教练必须身着深色西服、衬衣并系领带。女性教练可以选择穿着深色的礼服、西服西裤或西服外套配短裙。女性教练还可以佩戴宗教规定所需佩戴的头饰（套），但必须是受 WKF 认证的款式。

附注：

I. 选手仅系戴一条腰带。红方（AKA）系红带，蓝方（AO）系蓝带。比赛时不系表示选手级位、段位的色带。

II. 必须使用大小合适的牙套。

III. 若选手出场比赛时穿着不当，他不会被立即取消参赛资格，而会被给予一分钟的时间进行补救。

IV. 如果裁判委员会同意，裁判员可脱去西装外套。

第三条　组手比赛的组织

1. 空手道比赛包括组手比赛和型比赛。组手比赛又可分为团体赛和个人赛。个人赛可以根据年龄和体重来分组。按照体重级别划分后，选手们将两人一组以回合的方式进行比赛。回合也可以用来描述团体赛中每一对选手之间的个人比赛。

2. 在个人赛中，抽签结束后将不允许更换选手。

3. 无论个人赛或团体赛，不按时进行检录者，将被判弃权（KIKEN），失去该级别的比赛资格。在团体赛中，如果某回合比赛一方选手未出赛，那么另一方选手将会被判获胜，该回合比分应记录为 8 比 0。

4. 团体赛的每一支男子队伍由 7 名队员组成，每一轮比赛允许其中五位选手出场比赛；每一支女子队伍由 4 名队员组成，每一轮比赛允许其中三位选手出场比赛。

5. 团体赛中，各队伍中的每位成员都可以上场比赛，不设固定候补。

6. 在每回合比赛前，各队代表应从全队男性 7 名或女性 4 名队员中，选出参赛队员，并将参赛队员名字和上场次序填写在大会规定的表格上，交到官方记录台。每一轮比赛前，参赛队员的名单和次序都可以申报变更，但申报之后，到该回合比赛结束前，不得再做任何改变。

7. 任何队员或教练在该轮比赛前未提出书面申报即擅自更改出场选手名单或出场顺序时，该队伍将被取消参赛资格。

8. 在团体赛中，当一方选手因犯规或失格而被判输掉某回合比赛时，这位选手在该回合所得的分数将会被清零，而对手会获得固定的 8 分，该回合比分将被会记录为 8 比 0。

附注：

I. 比赛通过轮次来决定最终参加决赛的选手资格。在组手淘汰赛中，每一轮都会淘汰百分之五十的参赛选手（在计算时，第一轮轮空的选手或队伍将会被虚拟一个对手，虚拟对手计入参加总人/队数）。从文字上来说，比赛轮次同样可以适用于初赛、淘汰赛或败部复活赛。在小组循环赛中，当小组中的所有选手都完成一场比赛后为一轮。

II. 考虑到使用选手的名字会造成发音不准确和身份混淆的问题，赛会应当制订并使用选手编号标识。

III. 在赛前列队时，只有上场参加该回合比赛选手需要站在队伍中，其余不上场的选手和教练将坐在指定的区域中。

IV. 在团体比赛中，每支男子队伍至少需要三名选手出场参赛，每支女子队伍至少两名选手出场参赛。如果团队出场的选手人数少于规定人数，将丧失比赛资格（弃权）。

V. 出赛的顺序可由教练提交或由指定的选手代表提交。若由教练提交，则必须要清楚地展示其身份，否则不予受理。该名单必须包含国名或俱乐部名称、该场次所指定佩戴的带子颜色（红或蓝）、选手的出场顺序，和选手的名字及选手编号，并由教练或该队代表签名。

VI. 教练员必须将自己和参赛选手或参赛队伍的证件上交到官方记录台。教练员必须坐在指定的教练椅上，并不得用言行或行为来干扰比赛的顺利进行。

VII. 如果因比赛制表的失误，导致错误的选手上场比赛，不管比赛结果，该回合或场次的比赛将被认为无效的。为避免此类错误发生，在每场比赛后，胜方必须向记录台核对信息无误后，再行离去。

第四条 裁判小组

1. 每场比赛的裁判小组包括一名主裁（SHUSHIN），四名边裁（FUKU-SHIN）和一名赛事监督（KANSA）。

2. 在组手比赛中，主裁和边裁不可有与双方选手相同国籍者。

3. 为了便于比赛的运作，应指派几位计时员、宣告员、记录员、和记分监察员。

附注：

I. 组手比赛开始时，主裁站于比赛场地外缘，主裁左边站 1 号及 2 号边裁，主裁右边站 3 号及 4 号边裁。

II. 选手和裁判小组站定并互相鞠躬后，主裁后退一步，边裁向内转身面对主裁，一起互相鞠躬后各自走到指定位置就位。

III. 当裁判小组人员替换时，被替换的裁判小组（赛事监督除外）在比赛前的起始位置互相鞠躬，然后一起离开比赛场地。

IV. 当个别边裁进行替换时，新上场边裁走到被替换边裁面前，相互鞠躬后替换位置。

V. 在团体赛中，如果整个裁判小组的成员都具备所需的裁判资历，主裁和边裁可以在每回合之间轮换位置。

第五条 比赛时间

1. 成年男子组手比赛每回合的时间为 3 分钟（团体赛和个人赛相同）；成年女子组手比赛每回合的时间为 2 分钟；21 岁以下级的男子比赛为每回合 3 分钟，女子比赛为每回合 2 分钟；青年和少年组手比赛每回合的时间为 2 分钟。

2. 每回合比赛的计时从主裁给出“开始”的信号开始，每次主裁喊“停止”时，应停止计时。

3. 计时员应以清晰可辨的锣声或铃声为信号表示“还有 10 秒”和“时间到”。“时间到”的信号标志着该回合比赛结束。

4. 选手在两场连续的比赛间，将被给予与常规比赛时间长短相同的一段时间用于休息和更换护具。唯一的例外是在复活赛中，如果选手需要更换不同颜色的护具，这段时间将会被延长至 5 分钟。

第六条 得分

1. 得分可分为三种：

（1）IPPON 一本（3 分）

（2）WAZA－ARI 有技（2 分）

（3）YUKO 有效（1 分）

2. 当一个技术动作作用于有效的得分部位且满足以下技术标准，就会被判定为得分：

（1）良好的姿势

（2）竞技的态度

（3）刚劲有力的技术应用

（4）警戒的状态（残心）

（5）好的时机把握

（6）正确的距离

3. IPPON：可以判定为一本（3 分）的技术：

（1）上段踢技

（2）施展在被摔倒或已倒地的对手身上的任何有效的技术动作

4. WAZA—ARI：可以判定为有技（2 分）的技术：

（1）中段踢技

5. YUKO：可以判定为有效（1 分）的技术：

（1）中段或上段的冲拳（Tsuki）

（2）上段或中段的击打技（Uchi）

6. 攻击仅限于下列部位：

（1）头部

（2）面部

（3）颈部

（4）腹部

（5）胸部

（6）背部

（7）胸腹侧面

7. 在比赛结束的同时进行的有效攻击，可判定为得分。在主裁发出“暂停”或“比赛停止”的指令之后，即使做出的技术动作是有效的也不能得分，违反者甚至会因此受到处罚。

8. 如果双方选手皆在场外，任何技术动作，即使是有效的技术动作都不能判定为得分。但是，如果一方选手身处场内，在主裁喊停（YAME）之前做出了一记有效的技术动作，这个技术动作可以判定为得分。

附注：

如果要得分，一个技术动作必须作用于上述第六条中所定义的有效部位。这个技术动作必须根据所击打的部位而控制得当，且必须符合前面第二条所叙述的六个得分标准。

术语　技术标准

IPPON（3points）：一本（3 分）的技术动作

1. 上段踢。上段的定义是面部、头部和颈部。

2. 任何一个有效的得分技术施加于被摔倒，自己滑倒或处于任何不能以双脚支撑自己平衡状况下的对手上。

WAZA－ARI（2points）：有技（2 分）的技术动作

1. 中段踢，中段的定义是腹部、胸部、背部和胸腹侧面。

YUKO（1points）：有效（1 分）的技术动作

1. 任何冲拳的技术（tsuki）施加于 7 个有效得分部位中的任何一个部位。

2. 任何击打技术（Uchi）施加于 7 个有效得分部位中的任何一个部位。

I. 出于安全因素考虑，以摔技摔倒对手时，抓抱腰以下的部分、使用摔技不抓住对手、使用危险的摔法、或者支点在腰带以上的摔法，都是禁止的，违者将被处以警告或处罚。这不包括传统空手道中那些在施展时不需要抓住对手的扫腿技术，例如：出足扫（deashibarai）、小内刈、蟹夹技/剪刀脚，等等。选手在完成摔技之后，主裁将给予攻击者时间来立即尝试施展得分的技术。

II. 当一名选手被对手以合乎规则的技术摔倒、自己滑倒、跌倒，或处于任何不能以双脚支撑自己平衡的状况下被对手得分，这时的得分将被计为一本（IPPON）。

III. 一个被认为是“良好的姿势”的技术是指在传统空手道理念的框架下，具有潜在攻击效果的技术动作。

IV. 竞技的态度是“良好的姿势”的必要组成部分。它是指在施展一个具有潜在杀伤性的技术时所表现出的明显的全神贯注且不怀恶意的态度

V. 强劲有力的技术应运用是指：攻击技术的力量及速度，和其展现的必胜意念。潜在反击意图的状态。例如：有残心的选手不会在攻击时把头转向别处，在完成技术动作后也能保持面对着他的对手。

VII. 好的时机把握是指：在技术能达到最佳攻击效果的时候进攻。

VIII. 正确的距离与“好的时机把握”相似，它是指：当目标刚刚进入技术能达到最佳攻击效果的距离时进攻。所以如果一个进攻技术作用在一个迅速移开的对手上时，这个技术的潜在攻击效果会降低。

IX. 距离的掌控是指：把握一个完成技术的落点在目标上、或接近目标的距离。一次冲拳或腿法的攻击技术被控制在从皮肤接触到距面部、头部、或颈部 5 厘米的距离之间，这就是所谓的正确的距离。但是，如果合乎得分标准的上段技术进入距目标 5 厘米左右的距离时，对手没有试图格挡或躲闪，这也可以判定为得分。在青少年比赛中，以手攻击对手面部、头部、或颈部的技术动作是完全不允许接触到的，上段的踢技也只允许有轻微的触碰（也被称为“皮肤接触”），同时得分的有效距离也放宽到 10 厘米。

X. 无意义的技术就是无意义的技术，无论它是击打在什么位置，或是怎样施展出来的。如果一个技术动作姿势不良、力量不足，它就不能被判定为得分。

XI. 击打在腰带以下的技术动作也可以得分，只要其落点在耻骨以上的位置。颈部和喉部也都属于可攻击的目标，但是喉部是禁止接触的，只有控制恰当且未触碰的技术攻击，才能得分。

XII. 击打在肩胛骨部位的技术动作可以得分。肩部所谓的非得分部位是指：上臂骨与肩胛骨的关节区和锁骨。

XIII. 时间到的铃声代表着该回合不再有得分的可能性，即使因主裁的疏忽而未能立即时停止比赛。但是，时间结束并不意味着选手不再会受到处罚。从比赛结束到选手离场之间，裁判小组仍有处罚权。但在这之后，只有裁判委员会或纪律法制委员会可执行罚则。

XIV. 如果两方选手同时击中对方，那么评分标准中的“好的时机把握”就没有满足，正确的判罚应该是没有得分。但是如果双方的技术动作完成在主裁叫停之前或时间结束的铃声响起之前，且双方各得到了两位边裁的支持，那么他们将各自得到自己应得的分数。

XV. 如果一方选手在裁判叫停前以连续技术进攻，且有多于一次的技术满足得分的要求，那么不管这套得分技术施展的顺序，裁判都应为该选手分值较高的技术判分。例如：如果在一记有效的拳法技术后，紧接了一记有效的踢法。那么，尽管拳法技术先得分，裁判还是应为该踢法判分，因为踢法技术的分值要高于拳法技术。

第七条　判定胜负的标准

判定一方选手获胜可以根据他：率先取得 8 分的净胜分；在比赛时间结束时，取得的分数高于对手；也可因裁判的判定（HANTEI）的结果，或因对手犯规（HANSOKU）、失格（SHIKKAKU）、弃权（KIKEN）而获胜。

1. 个人赛中不允许出现平局。只有在团体赛中，当某一对选手在回合结束后，双方得分相同或都没有得分的情况下，主裁才会宣布平局（HIKIWAKE）。

2. 在个人赛中，当回合结束时，如果双方选手均未得分，或得分相同，比赛的结果将会由四位边裁和主裁通过投票的方式来决定，一人一票。判定某位选手获胜与否应根据以下的标准决定：

（1）选手表现出的态度、斗志、和力量。

（2）所展示出的战术优势和技巧娴熟度。

（3）哪一位选手占据了场上的主动。

3. 在团体赛中，以获胜回合数多的一队为胜。如果双方获胜回合数相同，则取决于各队队员各回合得分的总和（不论胜负），总分高的一方为胜方。计分时，双方每回合最大分数差为 8 分。

4. 在团体赛中，如果双方获胜回合数及总分皆相同，就需要再进行一回合附加赛来决定胜负。各队伍可以选择该队伍中的任何一名队员作为代表参加该回合的比赛，无论他是否已在双方之前的回合赛中出赛。如果在附加赛时间结束时，双方还是不能以比分的优劣来产生胜方，则需通过判定（HANTEI）来决定胜方，判定的流程与标准应与个人赛相同。附加赛胜负的判定结果也将决定团体赛的最终胜负。

5. 在团体赛中，当一方队伍率先取得了足够获得比赛胜利的回合数或分数时，即可宣布为胜方。不需要继续完成未进行的回合。

6. 当出现红、蓝双方在一场比赛中同时因犯规被判取消资格的情况时，下一轮比赛的对手将会因为轮空而获胜（不需宣布比赛结果）。除非这种双方均被判取消资格的情况出现在奖牌赛中，这时候将以判定来决定获胜方。

附注：

1. 当某回合比赛结束后，需要通过判定（HANTEI）来决定胜负时，主裁应后退至比赛区的外缘，宣布“判定（HANTEI）”，紧跟着吹两声哨音。四位边裁将以裁判旗来表示他们的决定，主裁也应同时以手势来表示他的选择。然后主裁再吹一声哨音（边裁放下旗子），然后进场至主裁线宣布判定结果，然后以通常的方式宣告比赛胜方。

第八条　禁止的行为

有两类禁止的行为，分别为第一类犯规和第二类犯规。

第一类犯规：

1. 进攻技术过度接触，即使是作用在有效的得分部位上，和接触到喉部的技术动作。

（注：喉部是连“碰触”都不允许的）

2. 攻击手臂、腿部、裆部、关节或脚背部位。

3. 以开掌技术攻击面部。

4. 危险的或被禁止的摔技。

第二类犯规

1. 假装受伤或夸大伤情。

2. 非对手原因离开比赛场地/场外（JOGAI）。

3. 不顾自己安危，做出可能让自己被对方击中而致伤的行为，或没有采取足够的自我保护措施/无防备（MUBOBI）。

4. 通过逃避比赛的方式让对手没有机会得分。

5. 消极，没有与对手交手的意图（不能在比赛还剩不到10秒时判罚）。

6. 搂抱、扭摔、推搡对手，或与对手贴胸站靠，但没有试图施展得分的技术或摔技。

7. 除在截获对手施展踢技的腿后，以施展摔技为目的以外，用双手抓拽对手。

8. 用一只手抓住对手的手臂或道服，不立即试图以另一只手施展得分技术或摔技。

9. 施展无法控制的、有可能伤害到对手的，和危险的、毫无节制的攻击技术。

10. 试图以头部、膝部或手肘攻击对手。

11. 与对手交谈，或挑逗对手，不服从主裁的命令，对裁判官员不礼貌，或其他有违礼节的行为。

附注：

I. 空手道比赛是一种“运动”，因此一些非常危险的技术动作是被禁止的，同时所有被允许的技术在施展时也要有节制性。受过训练的成年选手，在一些肌肉保护相对较强的部位，如：腹部，可以承受较强的打击。但其他部位如：头部、面部、颈部、裆部及关节部位，却很容易受到伤害。因此，除是因对手自己的原因造成的以外，使用任何造成对手伤害的技术都会被处罚。选手在比赛过程所施展的所有技术动作必须具有良好的姿势，且是有节制的。若非如此，无论该选手施展的是什么技术动作，裁判都必须对其进行警告或处罚。在青、少年的比赛中，更必须要注意这点。

II. 面部接触——成年组：在成年组的选手中，无伤害性、轻微的、有节制的轻微触碰（Touch）面部、头部及颈部是被允许的（但是喉部不可以）。但如果主裁认为此类的触击太重，但不足以降低被攻击者获胜机会的原则下，会给予忠告（CHUKOKU）。若同样的情况发生第二次，就可以判警告（KEIKOU）。第三次违犯可以判犯规注意（HANSOKUCHUI）。第四次再犯，即使还是不足以影响被攻击者获胜的机会，进攻方仍会被判犯规（HANSOKU）而被取消资格。

III. 面部接触——青、少年组：在青、少年组比赛中，任何手部的技术动作都不允许触及头部、面部、颈部。正如上述第 II 条中提到的，除非是由对手的无防备（MUBOBI）造成的，任何接触，不论它有多么轻微都将会受到处罚。上段的踢技可以允许有轻微的触碰（SkinTouch），并得分。但是如果该踢击超过了皮肤接触的范畴，就必须处以警告或处罚，除非是由对手的无防备（MUBOBI）造成的。

IV. 主裁必须经常观察受伤的选手。在做出判断前稍微等一会儿，让如：流鼻血一类因受伤而产生的症状有时间表现出来。仔细的观察还可发现某些选手是否为了战术上的利益，而想办法使伤势加重，例如：鼻部已受伤而用力擤鼻子，或使劲搓揉面部等动作。

V. 如果选手在之前的比赛中已有受伤的经历，有可能会因轻度的触击而产生严重的症状，症状反应与接触程度不成正比。主裁在对这种看起来非常过激的接触进行判罚时，必须将这种情况考虑在内。例如：一个看起来很轻微的触击，很可能让一个在之前回合已经受伤的选手因伤上加伤，而无法继续比赛。因此，在比赛或回合开始前，场地经理（Tatami Manager）必须检查选手们的医疗纪录卡，以确定选手们能够出赛。如果某位选手有过因伤接受治疗的经历，必须将情况通知主裁。

VI. 如果有选手对轻微的触击反应过度，企图由此诱导主裁来处罚他们的对手，例如：捂住脸部，脚步踉跄，或不必要的倒地，主裁必须立刻对他们进行处罚。

VII. 没有受伤而假装受伤，是一种非常严重的犯规行为。应判其失格（SHIKAKU）。如：倒在地上乱滚，而医生又找不到证据支持与其反应相符的伤害。

VIII. 夸大真实存在的伤情虽然没有装伤恶劣，但这种行为仍然不可以被接受。因此一旦出现夸大伤情的情况，裁判员至少应判处该选手一次犯规注意（HANSOKUCHUI）。如果出现更严重的夸大伤情的情况，例如：选手跌跌撞撞地走来走去、跌倒在地板上、站起来又跌倒等等，根据其犯规的严重程度，裁判可以直接取消其比赛资格（HANSOKU）。

IX. 因假装受伤而被判失格（SHIKKAKU）的选手，必须立刻被带出赛场并送往WKF的医药委员会接受检查。医药委员会将会在大会结束前做出报告，以供裁判委员会参考。假装受伤的选手可能会受到最为严厉的处罚，屡犯者可能会被终生禁赛。

X. 喉部是人体中最脆弱的部位，除了是被伤害者本身的原因而造成的以外，即使是最轻微的触击也要被警告或处罚。

XI. 摔技分为两类：第一类是传统空手道中的扫腿技术，例如：出足扫（deashibarai），小内刈（kouchigari）等，这些技术施展时不需要先抓住对手就可以使其失去平衡或摔倒。第二类是在施展时需要以一只手抓住或握住对方的摔法。只有在截获对手施展踢技的腿后进行摔技时，允许以双手抓握对手。施展摔技的轴点不得高于施展者的腰带位置，且必须始终抓住对手，以便对手安全着地。高度过肩的摔技，例如：过肩摔（seoinage），肩车（kataguruma）等是被明文禁止的。被明文禁止还包括所谓的舍身技摔法，例如：巴投（tomoenage），角返（sumigaeshi）等。同时，规则也不允许抓抱对手腰部以下并抬起的抱摔，或下探拉拽对手的腿部。如果有选手被对手以摔技摔伤，边裁们将会决定是需要进行处罚。一方选手可以以施展摔技或直接得分的技术为目的的用一只手抓住对手的手臂或道服，但不可以长时间抓握住以施展多次技术。在立即施展得分技术、摔技或施展受身技术时可以以一只手抓握对手。只有在截获对手施展踢技的腿后进行摔技时，允许以双手抓握对手。

XII. 禁止以开掌的技术攻击面部，因为这类技术会危及对手的视力。

XIII. 当某位选手的脚或身体的任何部位接触到了比赛场地外的地面上，即为场外（JOGAI）。唯一例外的是当该选手是被对手推出、或摔出比赛场地的，这种情况则不算场外。注意，一旦有场外的情况出现，就必须立刻进行警告。场外的定义不再是“反复出界”，而是“非对手原因造成的出界”。但如果是在比赛还剩 10 秒时出现此类犯规，那么裁判对犯规方至少应直接处以犯规注意（HANSOKUCHUI）的处罚。

XIV. 如果一方选手在施展一记有效的得分技术后，在主裁喊停“YAME”之前出界，裁判应给其有效的进攻技术判分，同时该选手不会因场外（JOGAI）而受罚。但如果该选手的进攻技术没能成功，这次出界将会被判为场外（JOGAI）。

XV. I 如果蓝方（AO）选手在红方（AKA）选手进攻得分之后出界，那么比赛在红方得分后就应当立刻被叫停，蓝方选手的出界也就不算犯规。如果蓝方（AO）选手在即将踏出场外的瞬间，或刚刚踏出场外后就被红方选手进攻得分，（此时红方选手仍在场内），那么在裁判为红方选手判分的同时，也应对蓝方选手的场外（JOGAI）进行处罚。

XVI. 逃避战斗是指：某一方选手试图以浪费时间的方式和行为防止对手有机会得分，理解这一点是非常重要的。如果一方选手持续地后退闪避而无有效的反击，做没有必要的抓、抱，或故意退出场外，不给对手攻击得分的机会，他就必须被警告或处罚。这种情况往往发生在回合快要结束时。如果发生在比赛结束前 10 秒以上，且该选手在该回合还没有第二类犯规的记录，则主裁应给予该选手忠告（CHUKOKU）；但如果该选手在该回合已有一次或多次第二类犯规的记录，那么主裁就应该给予他警告（KEIKOU）或更进一级地处罚。如果逃避的情况发生在比赛结束前 10 秒以内，无论该选手在该回合是否已有过第二类犯规的警告（KEIKOKU）处罚，主裁都应直接对它处以犯规注意（HANSOKU-CHUI）的处罚；但如果该选手在该回合已经有过第二类犯规犯规注意（HAN-SOKUCHUI）的记录，那么主裁可以直接判该选手犯规（HANSOKU），并宣布对手获胜。但是，主裁必须确认该选手的行为不是一种由于对手的粗鲁或危险的动作而采取的防御措施。如果是这样，主裁则应警告或处罚进攻一方。

XVII. 消极是指：出现双方选手在较长的一段时间内都没有试图进行交手的情况。

XVII. 一种无防备（MUBOBI）例子是：某一选手做出一个全力进攻的动作，但完全忽视自身的安全。有一些选手以扑出去的方式去打一记很长的逆冲拳，因此没有能力去格挡对手的反击。这类开放式的进攻应被视为无防备的行为，不能得分。作为一种战术表演的动作来说，有一些选手在完成得分动作后，立刻转身做出一些夸张的示威性动作来表现自己已得分。他们放松了对自己的保护和对对手的警戒。这种转身动作目的是想吸引主裁注意他们的得分技术，但明显的也是一种无防备的行为。如果一方选手因无防备（MUBOBI）而被对手过度接触、或因此受伤，主裁应给予该选手一次第二类犯规的警告或处罚，不必处罚他的对手。

XIX. 一支代表队中某位成员的任何无礼行为，都可以导致某个选手、整个团队或整个代表队失去大赛资格。

第九条 警告和处罚

1. 忠告：忠告用于相应类别的初次犯规且程度轻微的情况。

2. 警告：警告用于相同类别第二次程度较轻的犯规，或犯规程度还不到被判“犯规注意”（HANSOKU－CHUI）的情况。

3. 犯规注意：这是取消比赛资格前的一次警告，通常情况下施加于在该回合比赛中已被判过一次。“警告”（KEIKOKU）的选手身上，但也可以直接对犯规程度严重，但还不到被判“犯规”（HANSOKU）程度者施加。

4. 犯规：这是取消比赛资格的处罚，用于非常严重的犯规或被施加者在该回合比赛中已被判处过一次“犯规注意”（HANSOKU－CHUI）的情况。在团体赛中，犯规者的得分将会被清零，而对手将会得到固定的 8 分。

5. 失格：是指丧失整个锦标赛、单项赛事或单场比赛的参赛资格。失格处罚的具体程度必须由裁判委员会决定。如果某位选手：a）不服从主裁命令；b）行为恶劣；c）做出有损空手道声望和荣誉的行为；d）作出其它被认为是有违大会规则和精神的行为，他将被处以失格（SHIKKAKU）的处罚。在团体赛中，犯规者的得分将会被清零，而对手将会得到固定的 8 分。

附注：

I. 口头警告按程度来分有三个级别：忠告（CHUKOKU）、警告（KEIKOKU）、犯规注意（HANSOKUCHUI）。口头警告是对选手作出正式处罚前，对其违反竞赛规则的行为进行提醒。

II. 处罚按程度来分有两个级别：犯规（HANSOKU）和失格（SHIKKAKU）。两种处罚都使被处罚者失去竞赛资格。犯规（HANSOKU），违反者将失去该回合比赛资格；失格（SHIKKAKU），违反者将失去整个锦标赛的参赛资格，甚至会遭到附加一段时间的禁赛。

III. 第一类犯规与第二类犯规不可相互累积。

IV. 如果有犯规的情况出现，可直接给予违反者口头警告。口头警告以后，如果有继续违反该类别规则的情况出现，必须加重警告或处罚程度。例如：当对一方选手过度接触的犯规行为进行口头警告后，如果该选手再次出现过度接触的情况，则不可能只对其进行相同程度的口头警告。

V. 一般情况下，当犯规方为初次犯规，且其对手获胜的机会没有因该次犯规而降低的时候，裁判应对犯规方处以忠告（CHUKOKU）的处罚。

VI. 一般情况下，当一方选手获胜的机会因对手的犯规而轻微降低的时候

（根据裁判的判断），裁判应对犯规方处以警告（KEIKOKU）的处罚。

VII. 犯规注意（HANSOKUCHUI）可直接给予，或是在犯规方已有过一次相同类别的警告（KEIKOKU）记录后再次犯规时给予。当一方选手获胜的机会因对手的犯规而严重降低的时候（根据裁判的判断），裁判应对犯规方处以犯规注意（HANSOKUCHUI）的处罚。

VIII. 犯规（HANSOKU）一般是对累积犯规行为的处罚，但当某一选手犯规情节严重时，也可直接判罚。当一方选手获胜的机会因对手的犯规几乎降低为零的时候（根据裁判的判断），裁判应对犯规方处以犯规（HANSOKU）的处罚。

IX. 任何选手因造成对手受伤而被判犯规（HANSOKU），且裁判及场地经理均认定此选手的行为粗鲁、且具有危险性，或缺乏参加WKF比赛所必须的控制能力时，应及时向裁判委员会报告，裁判委员会将会决定是否禁止该选手完成余下的赛程和/或参加之后的其他比赛。

X. 失格（SHIKKAKU）不需要任何口头警告就可直接判罚。这不一定是由于选手本人的行为，如果其教练或该代表队的任何非参赛人员的行为有损空手道威望和荣誉，或主裁认为该选手的行为恶劣，不管是否对对手的身体造成了伤害，对其正确的判决将是失格（SHIKKAKU），而非犯规（HANSOKU）。

XI. 判定失格（SHIKKAKU）时须公开宣告。

第十条　比赛中受伤情况和意外事件

1. 当有选手在比赛检录时不到场，或某一选手没有能力继续参赛、放弃比赛或因主裁的命令而退赛时，裁判应判处该选手弃权（KIKEN）。放弃比赛的原因可能包括非对手行为而产生的伤害。

2. 如果两名选手同时受伤，且由大会医生宣布无法继续比赛时，则以当时累积分数较高方获胜。在个人赛中，如果双方比分相同，则由裁判以判定（HANTE）的方式决定胜负。在团体赛时，主裁将宣布双方平手（HIKIWAKA）。如果这种情况发生在团体赛的附加赛时，则以判定（HANTE）来决定胜负。

3. 经由大会医生确定为受伤且不适合继续参赛的选手，不得继续参加该次大会该项目的比赛。

4. 某位选手因对手犯规而受伤，且对手因此被取消资格而获胜，如无大会医生的许可，该选手不得继续参加该项目的比赛。如果该选手已受伤，且继续参赛。他可以再次因对手犯规被取消资格而获胜，但此选手必须立刻从该次锦标赛的组手比赛中退赛，不得继续参加。

5. 当有选手受伤时，主裁应立即叫停比赛召唤大会医生。医生只有权对伤情进行诊断和处理。在比赛过程中受伤且需要治疗的选手只会被给予3分钟的时间接受治疗，如果治疗无法在给予的时间内完成，主裁则需要决定是否要宣布此选手不适合继续比赛（见第十三条）或再延长一点治疗时间。

6. 任何选手跌倒、被摔倒或被击倒，在 10 秒钟内无法自己以双脚站立时，就被定义为不适合继续参加比赛，他将自动丧失参加该次锦标赛所有组手项目的资格。当出现有选手跌倒、被摔倒或被击倒而不能立刻站起来的情况时，主裁必须以吹哨和举手示意计时员开始 10 秒钟的倒数计时，然后按照上述第 5 点的规定召唤大会医生。当主裁举起手臂时，计时员停止计时。一但出现有选手被 10 秒计时的情况，大会医生都应对该选手进行检查。在 10 秒规则所规定的情况下，大会医生可以在场地中对选手做检查。

附注：

I. 当医生认定某选手不适合继续出赛时，相应的信息必须登记在该选手的纪录卡上。其不适合比赛的程度必须记录清楚，以便其它裁判小组成员了解。

II. 若某一选手因对手多次轻微的第一类犯规被取消资格而获胜，可能该选手伤势并不严重，但如果他再次以相同理由而获胜时，即使该选手的身体状况仍可以继续参赛，他也必须退出比赛。

III. 当某一位选手受伤且需要治疗时，主裁应举手并以语言呼叫大会医生。

IV. 如果身体状况允许，受伤的选手应被引导到场地外接受大会医生的检查和治疗。

V. 医生必须针对受伤选手的伤情提供适当的安全建议。

VI. 当执行“10 秒规则”时，计时的工作将由特定担任此项任务的计时员担任。在第 7 秒时需要有声音警示，然后是 10 秒计时结束的铃声。只有在主裁给出信号时，计时员才开始计时。当选手完全站立起来，主裁举起手臂示意时，计时员停止计时。

VII. 在不同情况下，裁判可以根据一方选手的犯规（HANSOKU）、弃权（KIKEN）、或失格（SHIKKAKU）来决定胜方。

VIII. 在团体赛中，如果某一队员被判弃权（KIKEN），或被取消资格“犯规（HANSOKU）或失格（SHIKKAKU）”，不管该回合已得分数为多少，最后都将被清零，对手可获得固定的 8 分。

第十一条　正式申诉

1. 任何人都不能向裁判小组成员对判决提出异议。

2. 若裁判过程中有出现违反比赛规则的情况，只有该国协会的会长或正式的代表可提出申诉。

3. 申诉应以书面报告的形式，在产生争议的比赛结束后立即上交。（唯一例外的情况是，当异议的原因为行政运作上的失误时，则应立即通知场地经理处理）。

4. 申诉书必须上交给申诉评审委员会的代表。申诉评审委员会将根据申诉的理由，并结合相关事实，拟订报告，并酌情做出处理。

5. 任何有关比赛规则应用的申诉，都必须按照 WKF 理事会所规定的程序进行。申诉必须是以书面形式提出，并由该参赛队伍或选手的官方代表签名后上交。

6. 申诉方在向申诉评审委员会的代表提交申诉时，还必须同时缴纳由 WKF 理事会所规定的申诉保证金。

7. 申诉评审委员会的组成：申诉评审委员会是由裁判委员会指派的三位资深裁判代表组成，三位委员必须来自不同的国家协会。裁判委员会同时会另外指派三名候补委员并按 1～3 编号。当三位正式委员之中有人与申诉事件相关方，包括与之相关的裁判小组成员，具有相同国籍、血缘关系或姻亲关系时，候补委员将自动取代需要避嫌的原有委员。

8. 申诉评审委员会的审查程序：收到申诉的申诉评审委员会有责任召集评审委员并上交申诉保证金给财务长。一旦评审委员召集完毕，委员会就应立刻开始必要的问询与调查，以对申诉内容进行求证。三名申诉评审委员中的每一个人都必须对该申诉的真实性作出自己的裁决，不允许有弃权的情况发生。

9. 申诉驳回：如果一个申诉经调查发现是不成立的，申诉评审委员会可指定一名委员口头告知申诉方，其申诉已被驳回。在上交申诉保证金和申诉文件给财务长前，应在申诉文件原件上标注“驳回”，并由三位委员在文件上签名。财务长会将该申诉文件转交给秘书长备案。

10. 接受申诉：如果申诉有效，申诉评审委员会将联系大会组委会和裁判委员会，讨论可采取的措施，对已发生的情况进行补救，措施包括：

（1）撤销违反比赛规则的判决。

（2）取消有问题的比赛和受其影响的场次的比赛结果。

（3）受到影响的场次重新进行比赛。

（4）向裁判委员提交建议函，对相关裁判员进行相应的处罚。

（5）申诉委员会有责任在尽量不影响大会进行的前提下，做出合理的裁决并采取相关措施。但为了保证结果公平，在万不得已的情况下，可以重新进行淘汰赛。

（6）申诉评审委员会可指定一名委员口头告知申诉方，其申诉已被接受。在上交申诉保证金和申诉文件给财务长前，应在申诉文件原件上标注“接受”，并由三位委员在文件上签名。财务长会将申诉保证金退还给申诉方，并转交申诉文件给秘书长备案。

11. 事件报告：在依照上述方式处理申诉事件之后，申诉评审委员会需要拟写一份简单的申诉事件处理报告，描述他们的调查结果，和阐明他们接受或驳回申诉的理由。委员会的三位委员均须在报告书上签名，之后将报告上交秘书长。

12. 权力与限制：申诉委员会的决议为最终决定，只有执行委员会可以否定申诉评审委员会的裁决。申诉评审委员没有处罚权。他们的作用是对申诉作出判断，和督促裁判委员会和大会组委会采取必要的补救措施，对发现的所有违反比赛规则的裁判程序进行修正。

13. 使用录像回放的特殊规定

注意：本特殊规定与规则第 11 条的其他内容和相关注释是分开且相互独立的。在 WKF 的世界锦标赛中，必须采用录像回放系统。在其他赛事中，如果条件允许的话也建议尽量采用录像回放系统。使用录像回放系统时，双方教练将会分别得到一张红色卡片或一张蓝色卡片。当教练认为场上裁判错过了对己方选手得分技术的判罚时，可以凭此卡片进行申诉。一个由场地经理（场控长）指派的两人小组将会对录像进行回放审议，如果两人意见一致的话，可以对场上裁判小组的判罚进行更改。

如果在进行录像回放后，裁判小组确认申述成功并判分，教练将可以继续持有申述卡，主裁会宣布更改后的判决。如果申述被驳回，申述卡将会被没收，教练将会失去为该选手在该回合比赛和该赛区剩余比赛场次中进行得分申述的机会。但在比赛进入奖牌赛的情况下，双方教练都将会得到申述卡，允许他们有机会进行得分申述。

附注：

I. 申诉书上必须提供选手的姓名、该场比赛的执裁裁判名单，和准确且详细的申诉内容。关于整体判罚标准，内容含糊的申诉将不会被接受。申诉方有提供相关证据的责任。

II. 申诉将由申诉评审委员会进行审查。审查过程中，委员会将会研究申诉方所提交的证据。同时可能会研究比赛录像带并询问相关人员，以便对申诉内容的有效性做出客观的判断。

III. 如果申诉评审委员会认定该申诉有效，将会采取相应的措施进行补救。同时引以为戒，防止将来在比赛中发生类似的情况。而申诉保证金将会由财务长退回。

IV. 如果申诉评审委员会认定该申诉无效，该申诉将被会被驳回，申诉保证金将由 WKF 没收。

V. 即使有正式申诉的情况出现，也须保证后面的比赛不会因此而被延迟。赛事监督有责任确保比赛按照竞赛规则继续进行。

VI. 在比赛程进行过程中，如果有行政运作上的错误发生，教练可以直接通知场地经理，由场地经理提醒主裁。

第十二条　权责

裁判委员会

裁判委员会的权力和职责如下：

1. 与每一次大赛的赛事组委会协商沟通，确认比赛场地的安排、所有装备和必需设施的准备与发放、比赛的运作与管理及安全措施等等，以保证大赛的准备工作能够正确完成。

2. 指派场地经理（场控长）至各自负责的区域，及根据各场地经理的报告采取相应措施。

3. 监督并协调所有裁判人员的工作。

4. 根据需要指派候补工作人员。

5. 对在比赛中发生的，规则中没有明文规定的技术性问题做出最后判决。

场地经理

场地经理的权力和职责如下：

1. 对所有在其负责的场地内进行的比赛的主裁和边裁，进行委派、指定和监督。2. 对在其负责区域内执裁的主裁和边裁的工作进行监督，并确认被指定的裁判员和工作人员有能力完成赋予他们的职责。

3. 当赛事监督发出场上有违背比赛规则的信号时，要求主裁暂停比赛。

4. 每日准备书面报告，对其管辖的每一位裁判员及工作人员的工作情况进行总结和建议，并上交裁判委员会。

5. 指派录像回放审议小组的人选。

主裁

主裁的权力如下：

1. 主裁（SHUSHIN）主导着整个比赛的进程，包括负责宣布比赛的开始、暂停及结束。

2. 根据边裁的判决，宣判得分。

3. 当发现一方选手出现受伤、生病或其他无法继续比赛的情况时，叫停比赛。

4. 当主裁认为有人得分、犯规或为确保场上选手自身安全时，暂停比赛进行。

5. 当两位或以上的边裁示意得分或出界（JOGAI）时，叫停比赛。

6. 示意观察到的犯规的情况（包括出界），并请求边裁的支持。

7. 当主裁认为有理由让边裁重新考虑他们的警告或处罚的判决时，要求他们重新考虑。

8. 召集边裁对“失格”（SHIKKAKU）的判罚进行合议（SHUGO），

9. 必要时向场地经理、裁判委员会或申诉评审委员会解释某个判决的依据。

10. 根据边裁的判罚给予警告或进行处罚。

11. 在团体赛需要时，宣布并开始附加赛。

12. 领导裁判小组进行投票（HANTEI），并宣告结果。

13. 解决平手的情况。

14. 宣告比赛获胜者方。

15. 主裁的权限不仅只局限于比赛场地，还包括其所有相关区域。

16. 主裁负责所有口令的发出和所有判决的宣告。

边裁：边裁（FUKUSHIN）权力如下：

1. 根据自己的判断做出得分和出界的旗语信号。

2. 以旗语对主裁示意的警告或处罚做出自己的判罚。

3. 对相关判决行使投票权。边裁需仔细观察选手的动作。当遇到下列情况时，应以相应旗语信号向主裁表示意见。

（1）当有选手得分时。

（2）当一方选手踏出比赛场地时（JOGAI）。

（3）当主裁请求对任何犯规进行判罚时。

赛事监督

1. 赛事监督（KANSA）应协助场地经理监督比赛进行。当出现主裁或边裁的判决有违背竞赛规则的情况时，赛事监督应立即举起红旗并吹响口哨。场地经理应要求主裁暂停比赛并纠相关错误。经赛事监督认可的比赛记录才可以作为正式大会纪录保留。在每一场次或每一回合的比赛开始前，赛事监督都应确认上场选手穿戴着被认可的装备。在团体赛中，赛事监督不参与场上裁判的轮换。

记分监察员

记分监察员必须单独准备一份记录，对主裁的判分情况进行记载，同时监督记时员及记分员的工作情况。

附注：

I. 当两位或更多位边裁皆给出同一旗语或示意某一选手得分，主裁应暂停比赛，并做出相应判决。如果主裁没有喊停，赛事监督应举起红旗，并吹响口哨。

II. 除有两位或更多位边裁给出同一旗语外，因其他任何原因，主裁想要叫停比赛，他应在喊出“YAME”口令的同时，并作出相应的手势。然后边裁们应向主裁以旗语表示自己的意见，当有两位或更多位边裁支持时，主裁就可以做出相应的裁决。

III. 当双方选手同时有两位或更多位边裁做出得分、警告或处罚的旗语时，两方选手都应得到各自相应的得分、警告或处罚。

IV. 如果有多于一位边裁对某位选手做出的得分、警告或处罚的旗语，但判罚的高低不同，且没有某一等级的判决获得了多数边裁的支持时，最低级别的得分、警告或处罚的判决将会被采纳。

V. 当某一等级对得分、警告或处罚的判决获得了多数边裁的支持时，将采取少数服从多数的原则，而不是采纳最低级别判决的原则。

VI. 在判定时，四位边裁和主裁各有一票。

VII. 赛事监督的角色是要确保比赛根据竞赛规则顺利进行。他不是另外一位边裁，也没有投票权，更没有任何权利参与比赛的裁决工作。如：选手是否得分或是否出了场外等情况。他的责任只与比赛流程相关。在团体赛中，赛事监督不参与场上裁判的轮换。

VIII. 如果主裁没有听到“时间到”的铃声。计分监察员应吹响口哨提醒。

IX. 当需要在赛后对做出某一判决的原因进行解释时，裁判员可以与赛场监督、裁判委员会或申诉评审委员会沟通，除此之外，他们不必向任何人做出解释。

第十三条　比赛开始、暂停或结束

1. 比赛运作时，主裁和边裁所使用的术语及姿势，应按照附录1和2的规定。

2. 在主裁和边裁应各自就位，两方选手相互行礼之后，主裁应宣布“SHOBUHAJIME”，比赛即开始。

3. 主裁应以“YAME”口令暂停比赛。如果有必要，主裁可以命令选手各回到原位（MOTONOICHI）。

4. 在主裁回到原位后，边裁应以旗语向主裁表示自己的意见。在判决某方选手得分时，主裁应先宣布哪位选手（红方或蓝方）、攻击的位置，然后以规定的手势判以相应的得分。然后，以“TSUZUKETEHAJIME”的口令，宣布比赛继续进行。

5. 当一方选手在某一回合比赛中已领先8分，主裁应以“YAME”口令叫停比赛，再与双方选手一起回到各自起始位置。然后，主裁举起代表获胜一方的手臂，并宣告“AO（AKA）NOKACHI”。到此，回合比赛结束。

6. 当比赛时间结束时，双方以得分较高者为优胜。主裁应举起代表获胜一方的手臂，并宣告“AO（AKA）NOKACHI”。到此，回合比赛结束。

7. 如某一回合结束时，比赛未能决出胜负，那么裁判小组（主裁和四位边裁）将以判定的方式决定比赛结果。

8. 如发生下列情况，主裁可以喊“YAME”，并暂停比赛：

（1）当一位或两位选手都越出场外时。

（2）当主裁命令选手整理他的空手道服装或护具时。

（3）当某位选手违反规则时。

（4）当主裁认为一方或双方选手因受伤、生病或其他原因，而无法继续比赛时。根据大会医生的意见，主裁将会决定是否允许比赛继续进行。

（5）当一方选手抓住对手，没有立刻施展进攻技术或摔法时。

（6）当一方或双方选手跌倒或被摔倒后，双方都没有立刻做出有效的得分技术时。

（7）当双方选手相互抓抱，且没有立即成功施展任何得分技术或摔法时。

（8）当双方选手采用贴胸站靠的方式，且没有立即试图施展任何技术或摔法时。

（9）当双方运动员因摔倒或试图施展摔技而双方倒地后，开始扭打时。

（10）当两三位或更多位边裁皆举旗示意同一位选手得分或出界时。

（11）当主裁认为有得分或犯规时或因安全原因需要比赛暂停时。

（12）当场地经理要求时。

附注：

I. 当比赛将要开始时，主裁首先要求选手来到他们的起始线上就位。在此之前，如果有选手已提前进入比赛场地的，主裁必须要求该选手退出。两方选手必须以标准的鞠躬礼相互行礼，快速的点头是不够也是不礼貌的。如果双方都没有主动相互行礼的迹象，主裁可以以附录 2 中的手势要求选手互相行礼。

II. 当比赛重新开始时，主裁必须检查双方选手是否已站立在指定线上并处于平静的状态。如果有选手仍在上下跳动或处于烦躁不安的状态，主裁必须要求其静止下来，比赛才可继续进行。主裁必须在最短时间内使比赛再次开始。

III. 在每回合比赛开始与结束时，双方选手均须相互行鞠躬礼。

二、型规则

第一条　型的比赛场地

1. 场地必须平坦且无危险。

2. 比赛场地必须足够大，以允许选手能够毫无阻碍的完成整套型的演练。

附注：

I. 为了型的演练能够正常的完成，比赛场地的表面必须平整稳固。一般情况下，铺有垫子的组手比赛场地就合适。

第二条　正式服装

1. 选手和裁判必须依照组手比赛规则中第二条的规定来穿着正式服装。

2. 任何人员不遵守本条规则，都会被取消资格。

附注：

I. 不得在演练型的过程中脱掉空手道上衣。

II. 如果某位选手出场比赛时穿着不当，他将会被给予一分钟的时间去补救。

第三条　型比赛的组织

1. 型的比赛分为团体赛和个人赛。团队赛中的每支队伍由三个人组成，且队伍成员须性别一致。个人赛分别由男子个人赛和女子个人赛组成。

2. 比赛实行败者淘汰制，允许复活赛。

3. 允许选手根据各自流派的传授，对型的内容有轻微变更。

4. 每一轮型的比赛前，选手都要将所选择的型通报给计分台。

5. 每一轮比赛中，选手都必须演练不同的型。演练过的型就不得再重复。

6. 在团体型的奖牌争夺赛中，两队必须先与普通比赛一样，演练他们所选择的型，然后他们将会对型的意义进行演示（分解/BUNKAI）。整个演练时间，包括型和分解，为6分钟。计时员将从选手开始型的演练的鞠躬开始计时，到型的分解演示的最后一个鞠躬结束。在型的演练开始和分解演示结束时不行鞠躬礼的，和整个演练时间超过6分钟时限的队伍将被取消资格。不允许在比赛中使用传统武器、辅助装备或附加服饰。

附注：

1. 如下表所示，比赛所须的型数量取决于参赛选手或队伍的数量。在计算时，第一轮轮空的选手或队伍将会被虚拟一个对手，虚拟对手计入参加总人/队数。

选手数或团队数	要求的型总数
65—128	7
33—64	6
17—32	5
9—16	4
5—8	3
4	2

第四条 裁判小组

1. 每场比赛的裁判小组的五位成员将由场地经理指派。

2. 场上裁判不可有与双方任何一位选手相同国籍者。

3. 此外，还需指派计时员、记分员和宣告员。

附注：

I. 主裁面向选手坐在中间。另外四名裁判坐在比赛场地的四个角落。

II. 每个裁判都将手执红蓝旗各一。如果使用电子记分板，则手持输入终端。

第五条 判定标准

正式型列表

只允许演练正式型列表中所规定的型：

Anan　安南	Jion　慈恩	Papuren　八步连
AnanDai　安南大	Jitte　十手	Passai　拔塞
Annanko　安南公	Jyuroku　十六手	Pinan1—5　平安 1—5
Aoyagi　青柳	Kanchin　完战	Rohai　鹭牌
BassaiDai　拔塞大	KankuDai　观空大	Saifa（Saiha）　碎破
BassaiSho　拔塞小	KankuSho　观空小	Sanchin　三战
ChatanyaraKushanku　北谷屋良公相君	Kanshu　完周	Sanseiru　三十六
Chinte　珍手	Kosokun（Kushanku）　公相君	Sanseru　三十六
Chinto　镇东	Kosokun（Kushanku）Dai　公相君大	Seichin　十战
Enpi　燕飞	Kosokun（Kushanku）Sho　公相君小	Seienchin　征远镇
Fukyugata1—2　普及型 1—2	KosokunShiho　公相君四方	Seipai　十八
Gankaku　岩鹤	Kururunfa　久留顿破	Seirui　十六
Garyu　卧龙	Kusanku　观空	Seisan（Seishan）　十三
Gekisai（Geksai）1—2　击碎 1—2	MatsumuraRohai　松村鹭牌	Shinpa　心波
Gojushiho　五十四步	Matsukaze　松风	Shinsei　新生
GojushihoDai　五十四步大	MatusumuraBassai　松村拔塞	Shisochin　四向战
GojushihoSho　五十四步小	Meikyo　明镜	Sochin　壮镇
Hakucho　白鸟	Myojo　明净	Suparinpei　一百零八
Hangetsu　半月	Naifanchin（Naihanshin）1—3　内步进 1—3	Tekki1—3　铁骑 1—3
Haufa　八鹤	Nijushiho　二十四步	Tensho　转掌
Heian1—5　平安 1—5	Nipaipo　二十八步	TomariBassai　泊手拔塞
Heiku　黑虎	Niseishi　二十四	Useishi（Gojushiho）五十四
IshimineBassai　石嶺拔塞	Ohan　敖汉	Unsu（Unshu）　云手
ItosuRohai1—3　糸洲鹭牌 1—3	Pachu　巴球	Wankan　王冠
Jiin　慈阴	Paiku　白虎	Wanshu　汪辑

注意：由于拼音字母拼写习惯的不同，一些型的名称可能是重复的。一些情况下同一个型在不同流派中可能名称不同，而一些特殊的情况中，名称相近的两个型在不同的流派中是完全不同的两个型。评定裁判在根据评判标准对某一选手或队伍型的演练进行评判时，三项主要评判标准的每一项都同样重要。型的评判是从型演练前的鞠躬开始，到演练后的鞠躬结束。团体型的奖牌赛中，对演练的评判和计时则从型演练前的鞠躬开始，到分解演练结束后的鞠躬结束。评判时，全部三个主要评判标准应具有相同的重要性。型的分解与型本身同样重要。

型的演练	分解的演练（应用于团体型奖牌争夺赛）
1. 一致性 与型的本身，和所属流派的标准相符	1. 一致性（与型） 使用其演练型中所展示的动作
技术能力的表现 a. 步法 b. 技法 c. 转换的动作 d. 时机（的把握）/同步性 e. 正确的呼吸 f. 专注力 g. 技术的难度	技术能力的表现 a. 步法 b. 技法 c. 转换的动作 d. 时机（的把握） e. 控制力 f. 专注力 g. 所展示技术的难度
3. 运动能力的表现 a. 力量 b. 速度 c. 平衡力 d. 节奏	3. 运动能力的表现 a. 力量 b. 速度 c. 平衡 d. 时机（的把握）

取消资格

某一选手或队伍可以因以下任何原因被取消比赛资格：

1. 演练错误的型，或宣告错误的型名。

2. 没有在型的演练前或演练后行鞠躬礼。

3. 在演练过程中出现明显的犹豫或停顿。

4. 干扰裁判的工作（如：因安全因素而使裁判员需要进行移动，或与裁判员有身体的接触）。

5. 在型的演练过程中，腰带脱落。

6. 型和分解的总演练时间超过了 6 分钟的时限。

7. 不遵守主裁的指令，或其他不当行为。

犯规行为（失误）

如果出现以下的犯规行为，必须根据以上的评判标准进行考虑。

（1）稍有失去平衡。

（2）某个动作演示的方式不正确或不完整，如：格挡动作没有完全施展，或拳未击打在目标上。

（3）动作不同步，如：在身体的转换完成前施展一个技术动作，或在团体型演练中，某一动作未能同步完成。

（4）采用声音的（从其他任何人处，包括队伍的其他成员），或动作行为的提示，如：顿足、拍打胸部、手臂或空手道服，和不适当的吐息，将会直接导致裁判扣除技术能力表现一项的全部得分（也就是失去整个演练总评分数的三分之一）。

（5）在演练过程中，腰带松开接近脱落。

（6）浪费时间，包括长时间的入场，过度的鞠躬，或开始演练前长时间的停顿。

（7）在分解的演示过程中，因缺乏控制的技术而造成了受伤。

附注：

I. 并非舞蹈或戏剧表演。它必须遵守传统的价值及理念。必须具有如同实战般的真实性，同时从技术上也要表现出意志的集中力、力量和潜在的打击力度。在展示出力量、气势和速度的同时，还要展示出它的优雅、节奏和平衡感。

II. 团体比赛中，在开始型的演练时，三位选手必须全部面向主裁。

III. 在团体比赛中，队伍成员必须表现出型的演练所需的各方面的能力，同时保持动作的一致性。

IV. 确认通报给记分台的型是否适合于该轮比赛是教练或选手的责任。

第六条　比赛的运作

1. 在每一回合比赛开始前，在双方选手点名确认无误后，一方系红带（AKA），一方系蓝带（AO），面向主裁并排站在赛场地边缘。在向裁判小组行鞠躬礼之后相互行礼，蓝方选手将先退出比赛场地。红方选手在移动至指定起始位置后，应行礼并清楚的宣告他将要演练的型名，然后开始演练。在演练完毕行礼之后，红方选手将退出比赛场地，等候蓝方选手的演练。蓝方选手应按照同样的程序进行演练。在蓝方选手的演练完成之后，双方应回到比赛场地边缘等待裁判小组的判决结果。

2. 如果主裁认为应取消某一选手资格，他可以召集边裁以达成一致的判决。

3. 如果某位选手被判取消比赛资格，主裁应以旗子做出交叉再分开的动作，然后举旗示意获胜一方。

4. 在两位选手均完成型的演练后，双方应一起并排站在比赛场地边缘。然后主裁将要求判定（HANTEI），在主裁两声哨响后，场上裁判将进行投票。当出现红、蓝双方在一场比赛中同时被判取消资格的情况时，下一轮比赛的对手将会因为轮空而获胜（不需宣布比赛结果）。除非这种双方被判取消资格的情况出现在奖牌赛中，这时候将以判定（Hantei）来决定获胜方。

5. 判决结果将为红方或蓝方获胜。判决结果不允许为平手。得票数最多的一方选手为胜方。

6. 如果某一选手开始进行型的演练后，对手弃权。该选手可以在之后任何一回合的比赛中再次演练这套已演练过的型，因为该回合比赛可以记为因对方弃权（kiken）而获胜。（这是规则第 3 条第 5 点规定下的一种例外情况。）

7. 双方选手将相互行鞠躬礼，再向裁判小组行礼，最后离场。

附注：

I. 型比赛的起始点在比赛场地边缘内。

II. 然后吹两声口哨。场上裁判将同时将旗子举起。在给出足够统计票数的时间后（约 5 秒），主裁再鸣哨一次，裁判员将旗子一起放下。

III. 如果某一选手或队伍检录时不到，或比赛弃权（KIKEN），他的对手将自动取得该轮比赛的胜利，不需要再上场演练已申报的型。出现这种情况时，获胜的选手或队伍可以在下一轮比赛时继续使用该轮已申报的型。

附录二：空手道比赛术语

汉语	术语	汉语	术语
开始比赛	SHOBUHAJIME	判定	HANTEI
剩下一点时间	ATOSHIBARAKU	平手	HIKIWAKE
停	YAME	红（蓝）方获胜	AKA （AO） NOKA-CHI
回归原位	MOTONOICHI	红（蓝）方得三分	AKA （AO） NOKA-CHI
继续	TSUZUKETE	红（蓝）方得两分	AKA（AO）WAZA－ARI
继续－开始	TSUZUKETE-HAJIME	红（蓝）方得一分	AKA（AO）YUKO
召集裁判	SHUGO	口头警告主裁示意第一类或第二类犯规。	CHUKOKU
口头警告	KEIKOKU	取消资格前的警告	HANSOKU－CHUI
取消资格	HANSOKU	非对手原因离开比赛场地	JOGAI
取消比赛资格“强制退场”	SHIKKAKU	弃权	KIKEN
不顾自身安全	MUBOBI		

附录三：组手比赛场地布局

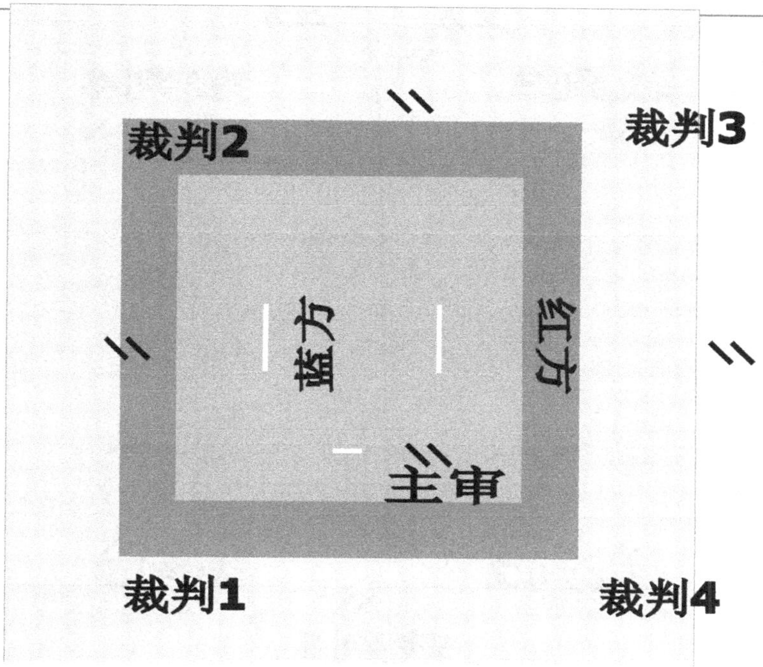

附录四：型比赛场地布局

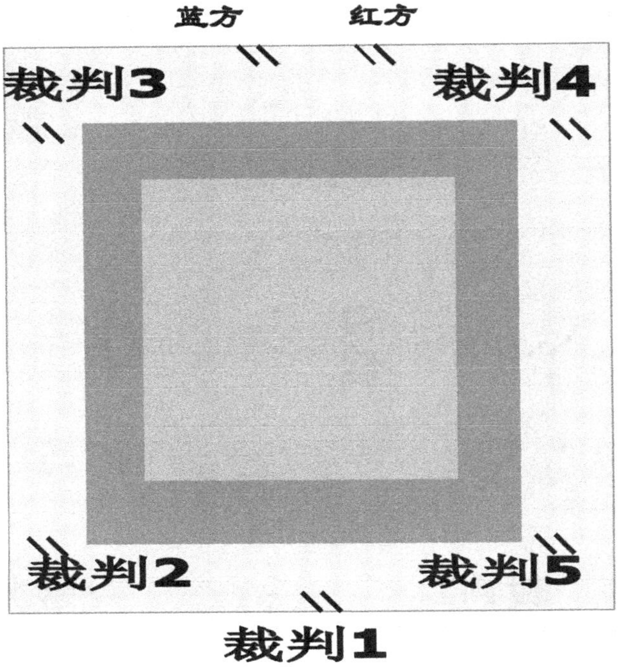

附录五：手势与旗语

（一）主裁的宣告和手势

主裁的口令	手势
SHOMEN－NI－REI 正面礼 主裁手掌向前将手臂推出	
OTAGAI－NI－REI 互相行礼 主裁的手势指示选手互相行礼	
SHOBU HAJIME 比赛开始 “比赛开始” 宣布之后，主裁后退一步。	

YAME 停

“停止”中止或是回合赛结束。主裁喊停同时以他的手向下切。

TSUZUKETE HAJIME 继续开始

“重新开始组手—开始”

主裁站前屈立喊“Tsuzukete”时，举起手臂双手掌向着选手双方，喊“Hajime”时，快速转手掌使其相对，同时向后退。

THE REFEREE’S OPINION 主裁的意见

喊“停止（Yame)”之后做出规定的手势，主裁弯曲手臂，手掌朝上，指出他选择得分的选手。

YUKO（1 point）一分

主裁以手臂向下 45°伸向得分一方。

WAZA－ARI（Points）两分

主裁以肩膀高度伸出手臂向得分一方。

IPPON（Three Points）三分

主裁以手臂向上 45°伸向得分一方。

CANCEL LAST DECISION 取消上次的判决

当判决或处罚错判时，主裁转向选手，喊出“Aka（红）”或“Ao（蓝）”，二手臂交叉，手掌向下做出切的动作，告知取消上次的判决。

NO KACHI（Win）胜（赢）

在比赛或回合赛结束时，宣布“红（或蓝）胜”。主裁以手臂向上 45°伸向获胜之一方。

KIKEN 弃权

“放弃”

主裁以食指指向弃权选手的开始线，然后宣布对手获胜。

SHIKKAKU 失格

“丧失资格，退出场地”.

主裁首先以 45°朝上指向犯规者，然后再伸向后方，同时喊出“Aka (AO) Shikkaku! 红（蓝）失格”随后宣布对手获胜。

HIKIWAKE 平手

“平手”

当时间到且分数一致，或者没有分数时，主裁手臂交叉于胸前，然后张开手臂，手掌向前。

CATEGORY 1 OFFENCE 第一类犯规

主裁两手打开然后以手腕侧在胸前高度交叉。

CATEGORY 2 OFFENCE 第二类犯规

主裁面对并同时以手臂弯曲指向犯规者。

CHUKOKU 忠告（口头警告）

主裁做出适当的手势给予第一类或第二类犯规者警告。此时不判处罚。

KEIKOKU 警告

主裁表示出第一类或第二类犯规，然后以食指 45°朝下指向犯规者。

HANSOKU CHUI 犯规注意

主裁表示出第一类或第二类犯规，然后以食指水平指向犯规者。

HANSOKU 犯规

“失去资格”

主裁表示出第一类或第二类犯规，然后以食指 45°朝上指向犯规者，随后宣判对方获胜。

AIUCHI 互击

“同时得分的技术”.

没有分数判给任何一位选手。主裁以双拳相对一起置于胸前。

TORIMASEN 无效

“不被接受的得分技术”

主裁手臂交叉然后手掌向下做出切的动作，当主裁对边裁做出这个手势随后做出再考虑的手势，表示这技术有一个或以上内容不符合得分的六个标准。

AKA（AO） SCORED FIRST 红（蓝）首先得分

如果红方先得分，主裁通过把伸开的右手指向左手来告知边裁，如果蓝方先得分，则为左手指向右手。

TECHNIQUE BLOCKED OR OFF TARGET 技术遭拦截或触及非得分区域

主裁把一支打开的手掌放在另一支手臂上向边裁表明该技术被拦截或触及非得分区。

TECHNIQUE MISSED 技术没有击中目标

主裁以握拳的手势横过身体，告知边裁这个技术没有打中或脱离得分的位置。

EXCESSIVE CONTACT 过度接触

主裁告知边裁已经过度接触或有其他的第一类犯规。

FEIGNING OR EXAGGERATING INJURY 假装或夸大受伤

主裁以双手固定的放在脸上告知第二类犯规。

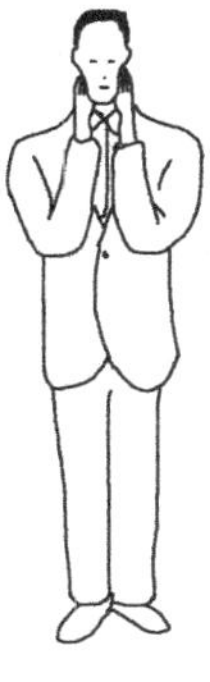

JOGAI 场外

“离开比赛场地”

主裁以他的食指指向犯规者的边界，告知边裁为场外。

MUBOBI（Self Endangerment）无防备（使自己陷入危险）

主裁先以手接触自己的脸部，然后将手左右移动，告知边裁选手使自己陷入危险。

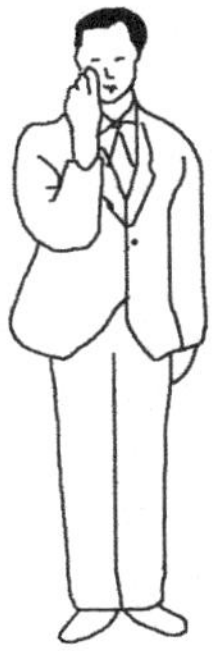

AVOIDING COMBAT 逃避战斗

主裁以食指朝下做划圆形动作，告知边裁第二类犯规

UNNECESSARY CLINCHING, WRESTLING, PUSHING OR SEIZING WITHOUT A TECHNIQUE 没有技术的不必要的抱，扭摔，推或抓

主裁固定握住双拳在肩膀高度或者或以开掌做出推的动作，告知边裁第二类犯规

DANGEROUS AND UNCONTROLLED ATTACKS 危险性和没有控制的攻击

主裁以握拳的手在头一边的侧面通过，告知边裁第二类犯规

ATTACKS WITH THE HEAD KNEES OR ELBOWS 以头部，膝盖或手肘攻击

主裁以开掌接触额头，膝盖或手肘，告知边裁第二类犯规

TALKING TO OR GOADING THE OPPONENT AND DISCOURTEOUS BEHAVIOUR 辱骂或刺激对手及其它不礼貌的行为

主裁将他的食指放在自己的嘴唇上，告知边裁第二类犯规

SHUGO 召集

“召集边裁”

主裁于比赛结束或建议“失格(Shikkaku)”时召集边裁。

（二）边裁的旗语

YUKO 一分

WAZA－ARI 两分

IPPON 三分

FOUL 犯规　犯规的警告。发生第一类或第二类犯规时，适当的以旗子挥动划圆。

ATEGORY 1 OFFENCE 第一类犯规
手臂伸直，旗子交叉。

TEGORY 2 OFFENCE 第二类犯规

CATEGORY 2 OFFENCE 第二类犯规
边裁弯曲手臂，以旗子指示。

OGAI 场外边裁以旗子适当的轻拍在地上

KEIKOKU 警告

HANSOKU CHUI 犯规注意

HANSOKU 犯规

TORIMASEN 无效

HI 互击　旗子在胸前互相往前移动

附录六：中国空手道协会级位制度管理规定及实施办法

第一条 为对初级空手道运动练习者的技术水平进行科学评定及有效监督，进一步规范、统一我国空手道运动的级位标准，同时推动空手道运动的发展与普及，特制定本办法。

第二条 级位标准

（一）黑带以下的空手道练习者按级位来评定其技术水平，从低到高共设九级，以腰带颜色区分，练习者需符合相应的练习时间要求方可参加高一级的级位考试。各级位对应的腰带颜色及所需练习时间见附件 1。

（二）关于儿童级位：

为了鼓励不满 12 周岁的儿童参加空手道运动，中国空手道协会在青少年及成人级位制外单独设立了儿童级位制。儿童级位从低到高也分为九级，各级所对应的腰带颜色与青少年及成人级位相同，但儿童级位考试的要求在青少年及成人考试要求的基础上略有放宽。（见附件 1）。

第三条 晋级对象

级位称号的适用对象是中国境内从事和参与空手道运动、自愿申请晋级的中国空手道协会的个人会员、外籍会员等。

第四条 晋级考试

（一）中国空手道协会制定级位制度管理规定及实施办法。

（二）中国空手道协会团体会员按照分级管理的原则，组织实施所辖区域内的级位考试。

（三）中国空手道协会团体会员必须严格按照《中国空手道协会级位制度管理规定及实施办法》，制定所辖区域级位考试的具体实施办法，并逐级上报至中国空手道协会批准后，组织实施级位考试。

（四）中国空手道协会初级及以上资格的教练员可以担任所在团体会员单位或所在区域晋级考试考官、签署级位证书。

第五条 晋级程序

（一）符合中国空手道协会级位考试资格要求的中国空手道协会个人会员，

可以参加本区域内中国空手道协会团体会员单位组织的级位考试。

（二）团体会员单位将考试合格名单逐级上报至中国空手道协会，申请级位证书。

（三）中国空手道协会审核通过后统一颁发级位证书及腰带。

第六条　考试要求

（一）应试者必须身体健康；

（二）需携带中国空手道协会个人会员证、身份证及上一级级位证书原件，并交负责晋级的考试官验证；

（三）不满 18 周岁的未成年人，需持由家长签字的考试同意书。

（二）需着中国空手道协会指定的道服；

（三）需使用中国空手道协会指定的各类护具、器材；

（四）严格遵守考场的各项规定。

第七条　晋级考试费

晋级考试费由地方体育主管部门或空手道协会根据当地具体情况，自行制定、收取、管理、使用，但必须经当地有关部门批准并报中国空手道协会备案后才能执行。

第八条　级位证书/腰带

（一）级位证书及腰带由中国空手道协会统一制作、监制和管理。

（二）晋升级位由三部分组成：一是单页纸质的级位证书，每级均不相同，晋升高一级级位时需要更换；二是腰带，腰带与级位证书同时发放。腰带颜色相同时可只申请级位证书；三是个人会员证，记录每次晋级情况，参加晋级考试时须携带。

（三）级位证书发放：由组织级位考试的团体会员单位统一向中国空手道协会申请，申请数量需与最后通过级位考试的人数相符。中国空手道协会收取级位证书的成本费（价格视制证情况定）。

第九条　权利

获得空手道协会颁发的级位证书者，拥有如下权利：

（一）参加中国空手道协会组织的各类竞赛、训练、培训等活动；

（二）经中国空手道协会推荐，参加国际空手道的有关活动；

（三）获得一级级位证书者，可参加中国空手道协会组织的晋段考试。

第十条　处罚

获得级位称号者出现以下情况之一，中国空手道协会将根据情节给与警告、通报直至吊销证书、腰带等处罚。

（一）用不正当途径获得级位证书、腰带和更改、伪造级位证书、腰带；

（二）触犯法律，扰乱社会治安；

（三）无考试资格者进行考试；

（四）其他各种不良行为。

第十二条 本管理规定自颁布之日起，除中国空手道协会以外，任何组织或团体不得擅自颁发中国空手道协会级位证书及腰带，下属团体会员也不得制作、颁发本地区的级位证书及腰带。

第十三条 本管理规定自颁布之日起生效。最终解释权归中国空手道协会。

附录七：中国空手道协会晋级考核内容

【九级】白带

1 礼仪（口述）：

A 进馆礼仪（进馆礼、国旗礼、老师礼）

B 立礼、坐礼的标准要求

C 道服穿戴的标准要求

2 基本功：

A 步型：口述两种本流派主要步型的标准要求

B 防守技法：1 原地站立下段格挡（左右各 2 次）2 原地站立上段格挡（左右各 2 次）

C 攻击技法：1 原地站立中段前冲拳（左右各 2 次）

2 原地站立中段前刺踢（左右各 2 次）

3 空手道专业课堂术语（口试）：

押忍，正面行礼，相互行礼，老师，前辈，请指教，感谢等

【八级】黄带

1 礼仪（演示）：A 道服的整理 B 道带的系法

2 基本功：A 步型：口述并演示三种本流派主要步型的标准要求。

B 必考技法：前冲拳（结合流派步型的“顺冲拳”、“逆冲拳”）

C 自选技法：结合流派步型和技术要求演练各流派“手技”、“足技”单一动作各 2 组

（参考“技法名称与内容”）

3 形：演练各流派初级别“形”一套（参考“形名称与内容”）

4 组手：约束三本组手（上段、中段）

5 空手道专业课堂术语（口试）：

1～10，预备，开始，转身，停止，恢复（收回），发声等

【七级】黄带

1 基本功：

A 步型：口述并演示四种本流派主要步型的标准要求

B 必考技法：上段格挡（结合流派步型和技术要求）

刀手格挡（结合流派步型和技术要求）

C 自选技法：结合流派步型和技术要求演练各流派“手技”、“足技”单一动作各 3 组

（参考“技法名称与内容”）

2 形：演练各流派初级别“形”二套（参考“形名称与内容”）

3 组手：约束三本组手（上段、中段）

4 空手道专业课堂术语（口试）：

基本功（主要动作术语），形，組手，残心，極め等

【六级】绿带

1 基本功：

A 步型：口述并演示五种主要步型的标准要求。

B 必考技法：前刺踢（结合流派步型和技术要求）

足刀踢（结合流派步型和技术要求）

C 自选技法：结合流派步型和技术要求演练各流派“手技”“足技”单一动作各 4 组（参考“技法名称与内容”）

2 形：演练各流派初级别“形”二套（参考“形名称与内容”）

3 组手：约束一本组手（进攻方使用冲拳（顺、逆、前手拳等）进行上段、中段的进攻）

4 空手道专业课堂术语（口试）：

本流派的初级别“形”名称

【五级】绿带

1 基本功：

A 必考技法：旋转踢（结合流派步型和技术要求）

后踢（结合流派步型和技术要求）

B 自选技法：结合流派步型和技术要求演练各流派“手技”“足技”组合动作各 2 组（参考“技法名称与内容”）

2 形：

A 必考：演练各流派初级别“形”一套（参考“形名称与内容”）

B 抽查：各流派初级别“形”一套（参考“形名称与内容”）

3 组手：约束一本组手（进攻方可使用“前刺踢、足刀踢、旋转踢”中二种不同腿法进行中段进攻）

4 体能：A 抱头起（男 20 个、女 15 个、儿童 6 个）B 俯卧撑（男 8 个、女 4 个、儿童 2 个）

5 空手道专业课堂术语（口试）：

WKF 指定“型”名称（十八、碎破、慈恩、观空（大）、拔塞（大）、征远镇、征三、镇东）

【四级】紫带

1 基本功：

A 必考技法：顺、逆冲拳的组合技法各一组（结合流派步型和技术要求）

B 自选技法：结合流派步型和技术要求演练各流派“手技”“足技”组合动作各 2 组

（参考“技法名称与内容”）

2 形：A 必考：演练各流派高级别“形”一套（参考“形名称与内容”）

B 抽查：各流派初级别“形”一套（参考“形备注”）

3 组手：任意一本组手。进攻方可使用“冲拳（顺、逆、前手拳）、前刺踢、旋转踢”中的任何一种技法进行中段、上段的进攻

4 体能：A 两头起（男 15 个、女 10 个、儿童 6 个）B 拳卧撑（男 8 个、女 5 个、儿童 3 个）

5 空手道专业裁判术语（口试）：

比赛开始，停止，不得分，继续开始，30 秒，平局，延长赛，弃权等。

【三级】紫带

1 基本功：

A 必考技法：上、中、下格挡的组合技法各一组（结合流派步型和技术要求）刀手格挡的组合技法一组（结合流派步型和技术要求）

B 自选技法：结合流派步型和技术要求演练各流派“手技”“足技”组合动作各 2 组

（参考“技法名称与内容”）

2 形：A 必考：演练各流派高级别“形”二套（参考“形名称与内容”）

B 抽查：各流派初级别、高级别“形”各一套（参考“形名称与内容”）

3 组手：任意一本组手（进攻方可使用“冲拳（顺、逆、前手拳）、前刺踢、旋转踢”中的任何一种技法进行中段、上段的进攻）

4 体能：A 两头起（男 20 个、女 15 个、儿童 8 个）B 拳卧撑（男 10 个、女 8 个、儿童 5 个）

5 空手道专业裁判术语（口试）：

1～3 分，红方，兰方，忠告，警告，犯规注意，犯规，失格等。

【二级】棕带

1 基本功

A 必考技法：前刺踢、足刀踢、旋转踢的组合技法各一组（结合流派步型和技术要求）

B 自选技法：结合流派步型和技术要求演练各流派“手技”“足技”组合动作各 2 组

（参考“技法名称与内容”）

2 形：A 必考：演练“指定形”中的一套（参考“形名称与内容”）

B 抽查：演练各流派高级别“形”一套（参考“形名称与内容”）

3 组手：自由组手一分钟（在规定时间内完成 2 个以上标准的“1 分”技术）。

4 体能：1 两头起（男 25 个、女 20 个、儿童 10 个）2 拳卧撑（男 15 个、女 10 个、儿童 6 个）

5 裁判法（口述）：“组手”比赛中得分的六个标准。

【一级】棕带

1 基本功：前屈立逆冲拳（原地、目标把、左右各 5 次）

2 形：演练“指定形”和“段位形”中的各一套（自己申报）

3 组手：自由组手一分钟（在规定时间内完成标准的“1 分”和“2 分”技术各 1 次以上）。

4 体能：8 米往返跑 6 次

5 裁判法（口试）：1“组手”比赛中得分（三种）与禁止行为（二类）的分类和内容。

附录八：中国空手道协会组手与型裁判员理论考核试题参考

一、“组手”理论考核试题

1. 比赛场地和安全区域加起来是一个长宽各八米的方形场地。

2. 选手可以在空手道服的左胸前，佩戴所代表国家的国旗或标志，但其大小不可以超过 10cm×10cm。

3. 空手道服的上衣必须是盖过大腿四分之三的长度。

4. 空手道服的裤子的长度必须至少覆盖住小腿的三分之二。

5. 空手道服的袖子不可以长过手腕。

6. 如果某个选手的空手道服的袖子太长，而他又不能及时找到一件合适的替换，那么裁判可以允许他把袖子长出来的部分向内卷起。

7. 选手可以在头发上佩戴简单的橡皮筋或小型的发箍，但彩色丝带、珠串或其他装饰物是禁止使用的。

8. 选手可以佩戴的耳环，但必须用胶带包住。

9. 在主裁和大会医师的允许之下，选手可使用金属齿列矫正器，但选手必须承担因此而产生的风险。

10. 选手在每个回合的开始和结束时，都应以正确的姿势相互行鞠躬礼。

11. 团体比赛时，教练可以在比赛中改变队员的上场顺序。

12. 如果一个选手在个人赛中受伤，他的教练可以在通知大会组织委员会后用另一名队员替换他。

13. 团体赛时，如果两个队获胜的场数相同，那么就要决定于两队各得分数的总和，包括各自胜场和负场的得分，总分高的一方为胜方。

14. 如果两个队获胜场数和所得分数均相同，那么就要通过一回合的加赛来决定胜负。

15. 在团体赛的第一回合，只有当一个参赛队的所有队员全部到场才会被允许参加比赛。

16. WKF 组织的比赛必须接受各国联盟所供应的空手道护具。

17. 在比赛期间，教练员必须一直穿着运动服，并佩戴身份证明标识。

18. 成年男子组的比赛是每回合三分钟，成年女子组、青年组和少年组的比赛是每回合二分钟。

19. 成年男子组的奖牌赛是每回合四分钟，成年女子组的奖牌赛是每回合三分钟。

20. 在21岁以下的比赛中，男子组所有比赛均为每回合三分钟，女子为每回合二分钟。

21. 在21岁以下的比赛中，男子组的奖牌赛是每回合四分钟，女子组的奖牌赛为每回合三分钟。

22. 如果一个上段的踢击（JODAN GERI）在做残心的时候略有不足，我们还是可以给这个技术判三分（IPPON），因为上段的踢技属于一种难度比较大的技术动作。

23. 一套快速的中段踢（GHUDAN GERI）和冲拳（TSUKI）的组合进攻，两个技术动作都达到了得分的标准，在这种情况下，我们应判攻方的三分（IP-PON）。

24. 在成年组的比赛中，一个对喉部的轻微“拳套触碰”，如果没有造成对方受伤的话，是不需要受到警告或是被判犯规的。

25. 如果一方踢到了对手的裆部，但他又不是蓄意的，那么他的这种行为不应算作是犯规。

26. 第1类犯规和第2类犯规不可互相累积。

27. 忠告（CHUKOKU）是给予给初次触犯第1类或第2类犯规的选手的警告。

28. 受到警告（KEIKOKU）处罚的选手会被判失掉一分，即给对手记一次有效（YUKO）。

29. 一般情况下，当一方选手获胜的机会因对手的犯规而稍微降低的时候，我们就应给予犯规方一次第1类犯规的（KEIKOKU）处罚。

30. 第1类犯规的犯规注意（HANSOKU－CHUI）的处罚可以直接给予，也可以在忠告（CHUKOKU）或警告（KEIKOKU）后给予。

31. 当一方选手获胜的机会因对手的犯规而严重降低的时候，我们就应给予犯规方一次犯规注意（HANSOKU—CHUI）的处罚。

32. 忠告（CHUKOKU）、警告（KEIKOKU）和犯规注意（HAN-SOKU—CHUI）均为处罚。

33. 忠告（CHUKOKU）、警告（KEIKOKU）和犯规注意（HAN-SOKU—CHUI）均为口头警告。

34. 当选手有严重的犯规情况出现的时候，我们应给予他犯规（HAN-SOKU）的处罚。

35. 只有在给过犯规者警告以后，才能判其失格（SHIKKAKU）.

36. 如果一方选手行为恶劣，对其正确的处罚不是犯规（HANSOKU）而应是失格（SHIKKAKU）.

37. 如果一方选手行为恶劣，对其正确的处罚应是犯规（HANSOKU）。

38. 当场上选手的教练员或是其代表团内的非上场运动员的行为被认为是有损空手道运动的荣誉和声望时，我们也可以给予其失格（SHIKKAKU）的处罚。

39. 判定失格（SHIKKAKU）时必须公开宣告。

40. 失格（SHIKKAKU）的处罚程度将由裁判小组决定。

41. 一个技术动作得分与否需满足5个评判标准。

42. 互击（AIUCHI）表示同时出现了两个有效的技术动作。

43. 如果两位边裁示意红方（AKA）得三分（IPPON），而另两位边裁示意蓝方（AO）得三分（IPPON），这是主裁应给双方都判分。

44. 在裁判喊停后（YAME），如果三位边裁均没有表示，而一位边裁给出蓝方（AO）得三分（IPPON）的信号，那么主裁可以给蓝方（AO）判分。

45. 在判定（HANTEI）的时候，主裁拥有最终裁决权。

46. 在团体赛中，所有在正赛回合中所得到的警告和犯规将会被带入加赛中。

47. 如果红方（AKA）选手在蓝方（AO）选手出界的同时得分，那么我们可以同时判红方（AKA）得分和给蓝方（AO）一个第2类犯规的警告或处罚。

48. 如果一位选手被对手从比赛场地内推出，那么我们应判他出界（JOGAI）。

49. 根据规则第10条的规定，当一方选手跌倒、被摔倒或被击倒而不能立刻站起来时，主裁必须以吹哨为信号，让计时员开始十秒的倒计时。

50. 根据“十秒规则”，计时员将在倒地选手完全站立起来、主裁举起手臂示意时停止计时。

51. 任何选手跌倒，被摔倒或被击倒，在10秒内不能以双足站立的，将自动丧失继续参加该次大会比赛的权利。

52. 如果两位选手因同时受伤而无法继续比赛，那么应判当时累计分数较高者获胜。

53. 一方选手做出一次有效得分的技术后，在裁判喊停（YAME）前出界，将不会受到场外（JOGAI）的处罚。

54. 在回合比赛结束的铃声后，选手就不能再得分或受到判罚。

55. 在青少年的比赛中，除非是受伤者自己的原因造成的，使用任何击打脸部、头部、或颈部等部位的技术造成对手受伤，都会受到警告或处罚。

56. 在青少年的比赛中，上段的踢法（JODAN GERI）在不造成对手受伤的前提下，允许做到轻微的接触“皮肤触碰”。

57. 在成年组的比赛中，上段冲拳（JODAN TSUKI）可以轻轻的接触到对手，而上段踢法（JODAN GERI）的力度也可以大一些。

58. 如果一个选手连续两次因对手的第1类犯规（HANSOKU）而获胜，他将不会被允许继续参赛。

59. 如果选手发现了一个程序上的错误，他可以向赛事监督提出抗议。

60. 当一方选手被对手以安全的动作摔倒，且没有受伤的情况下，主裁应给对手 2～3 秒的时间去让他尝试做出得分的动作。

61. 当边裁看见有选手得分的情况出现的话，他应立刻以裁判旗示意。

62. 如果大会医生批准的话，允许选手使用绷带。

63. 一场比赛的裁判小组成员应包括：一位主裁、四位边裁和一位赛事监督。

64. 在比赛开始后，如果发现一方选手没有佩戴护齿（牙套），这位选手会被取消比赛资格。

65. 主裁将给出所有的口令和做所有的宣告。

66. 当两位边裁同时给出一方选手得分的信号，如果主裁认为他们的判断是错误的，他可以拒绝停止比赛。

67. 如果三位边裁都给出红方（AKA）得分的信号，即使主裁认为他们的判断是错误的，他也必须叫停比赛。

68. 如果两位或更多的边裁示意同一位选手得分，主裁必须叫停比赛。

69. 当主裁给出比赛开始的信号时，比赛计时开始，当主裁叫“停（YAME)”，或比赛时间结束时，比赛计时停止。

70. 组手比赛的裁判小组成员应包含一位主裁、四位边裁、一位赛事监督和一位记分员。

71. 当一方选手滑倒或摔倒后，立刻被对手以有效技术得分，那么我们应给对手的技术动作判三分（IPPON)。

72. 使对手失去平衡后在以上段冲拳（JODAN TSUKI）得分的话，可以得二分（WAZA—ARI).

73. 如果主裁没有听到比赛结束的信号的话，赛事监督可以吹口哨提醒他。

74. 一个控制的很好的肘击（EMPI—UCHI/HIJI ATE)，如果满足了得分的全部六个标准，它就是一个有效的得分技术动作。

75. 在个人赛中，如果一个选手自愿退出比赛，那他就会算作是弃权（KIKEN)，他的对手将被记为以八分优势获胜。

76. 警戒心或残心（ZANSHIN）是指在技术完成后，选手所保持的一种持续的、专注的状态。

77. 如果选手使用一套手的组合技术进攻，且每个技术动作都达到了得分的标准，那么我们应当给他判二分（WAZA—ARI).

78. 身处比赛场地内（界内）的选手可以继续进攻在身处比赛场地外（界外）的选手并得分。

79. “ATOSHI BARAKU”表示“比赛还剩 10 秒时间”。

80. “ATOSHI BARAKU”表示“比赛还剩 20 秒时间”。

81. 只有在成年组的比赛中，才允许对喉部的“皮肤接触（Skin Touch）”。

82. 在比赛结束时，如果双方选手都没有得分，主裁就应宣布判定“HANTEI”。

83. 如果一方选手因屡次不对对手的进攻进行格挡，从而导致对手的过度接触，那么我们应当考虑对他进行无防备（MUBOBI）的判罚。

84. 即使某位选手确实有受伤的情况出现，他还是可能因夸大伤情而受到处罚。

85. 超过肩膀的投技，如背负投（SEOI NAGE）、肩车（KATA GURU-MA）等，只有在选手能抓住对手以保证对手能安全着地的情况下，才允许使用。

86. 第2类犯规的警告（KEIKOKU）处罚，只有在已给予过忠告（CHUKOKU）处罚后才能给予。

87. 当裁判员小组做出了一个不符合竞赛规则的判决后，赛事监督将会立刻以吹口哨的信号提醒。

88. 当两个选手都倒地后，在短时间内比赛仍然可以继续进行。

89. 团体比赛中没有加赛。

90. 当主裁想要就一项过度接触的判罚与边裁沟通的时候，他可以在大会医生检查受伤选手的期间与他们进行简短的交谈。

91. 在少年组的比赛中，只有对面罩的非常轻微的接触能够得分。

92. 抓住腰部以下的投技，只有在选手能抓住对手以保证对手能安全着地的情况下，才允许使用。

93. 少年组比赛中，选手可以因医疗原因拒绝使用WKF的面罩。

94. 如果某位选手在已有一个第2类犯规的犯规注意（HANSOKU CHUI）在身的情况下，又出现一个夸大轻微接触带来的伤害的行为，那么他将受到取消比赛资格（HANSOKU）的处罚。

95. 对假装受伤的选手应处以犯规注意（HANSOKU—CHUI）的判罚。

96. 一旦有选手出现夸大伤情的情况，就应立刻对其处以犯规注意（HAN-SOKU—CHUI）的判罚。

97. 如果在主裁叫停（YAME）后，两位边裁示意蓝方（AO）得一分（YUKO），一位边裁示意红方（AKA）得一分，主裁可以给红方（AKA）判分。

98. 如果选手有夸大伤情的情况出现，我们可以直接判他（HANSOKU），取消其比赛资格。

99. 如果在裁判喊停后，一方选手再做出进攻动作，即使这个技术动作达到了得分的标准，他还是不会被判得分，而且该选手还有可能因此受到处罚。

100. 在少年组的比赛中，在不造成对手受伤的前提下，允许上段的踢法（JODAN GERI）有轻微的接触“皮肤触碰”。

101. 在每场比赛或回合开始前，场地管理控长应当检查选手的医疗记录卡。

102. 如果因对阵表/图在编排上出现错误，造成错误的选手配对比赛，其比赛结果将无法改变。

103. 如果一方在比赛结束的铃声响起的同时进攻，且进攻技术动作满足了得分的标准，那么他的这次进攻是有效的，应当给分。

104. 如果一个选手因自己的原因受伤（MUBOBI），那么裁判将不会判罚他的对手。

105. 教练员必须在比赛开始前，向官方记录台提交本团队的身份证明文件。

106. 打在背部的冲拳可以得一分（YUKO）。

107. 如果赛事监督发现选手有出界（JOGAI）的情况出现，而场上裁判又没有注意，他可以要求主裁停止比赛。

108. 如果选手有不服从裁判命令的情况出现，他将被取消比赛资格（HANSOKU）.

109. 如果选手有不服从裁判命令的情况出现，他将被处以失格（SHIKKAKU）的判罚。

110. 如果场地管理发现比赛有违反竞赛规则的情况出现，他可以要求主裁停止比赛。

111. 在一套组合技术中，如果第一个技术动作满足了得分的标准，而第二个技术动作犯规了，那么这两个技术动作都应各自得到相应的判罚。

112. 当一方选手因自己的原因滑倒，摔倒或因其他原因失去平衡倒地，且其身体躯干部分与地面接触时被对手得分，这时我们应判其对手得三分（IPPON）。

113. 倒在地上的选手不可能进攻对手并得分。

114. 如果某位选手没有佩戴 WKF 认可的护具，他将被允许一分钟的时间去补救，换上受 WKF 认可的装备。

115. 如果某位选手在组手比赛中受伤，并因“十秒规则”而退出了比赛，他将不会被允许参加型的比赛。

116. 如果大会医生认为某位选手因伤已不适合继续比赛，他将不会被允许继续参赛。

117. 如果某位选手在比赛结束以后在赛场内表现恶劣，裁判员仍然可以对他进行失格（SHIKKAKU）的处罚。

118. 赛事监督在进行失格（SHIKKAKU）的判罚时拥有表决权。

119. 在男子团体赛中，如果某队取得三回合的胜利，比赛就可以提前结束。

120. 在女子团体比赛中，如果某队取得二回合的胜利，比赛就可以提前结束。

121. 当一方选手抓住对手后，在 2 秒内没有作出任何技术动作或摔技，主裁会以“停（YAME）”的口令来暂停比赛。

122. 当边裁对一个技术动作是否打到了得分部位不是很确定时，他不应发出任何信号。

123. 如果某位选手的行为有损空手道运动的声望和荣誉，他将受到取消比赛资格的处罚（HANSOKU）。

124. 如果某位选手的行为被认定是危险的，和故意违反比赛规则中明文禁止的，他将受到失格（SHIKKAKU）的处罚。

125. 当主裁因看到一方选手得分而叫停比赛后，如四位边裁均没有作出任何信号表示，主裁可以为该选手判分。

126. 如果赛场上有明显违反规则的情况出现，赛事监督将会中断比赛并指示裁判员以更正相应的错误。

127. 如果两位边裁作出红方得一分（AKA YUKO）的信号，同时一位边裁做出蓝方得二分（AO WAZA—ARI）的信号，而主裁想要给蓝方（AO）判二分，他应征求第四位边裁的意见。

128. 在判定（HANTEI）时，如果有三位边裁均作出红方（AKA）获胜的信号，而第四位边裁和主裁作出蓝方（AO）获胜的信号，主裁必须宣布红方（AKA）获胜。

129. 如果边裁发现某选手有出界（JOGAI）的情况出现，他应以相应的旗子敲击地面，并给出第2类犯规的信号。

130. 如果有一位边裁示意蓝方（AO）得分，主裁必须叫停比赛。

131. 如一方选手在十秒钟内不能自主以双脚站立，主裁将宣布该选手弃权（KIKEN），并判其对手获胜。

132. 如果一方选手被对手摔倒，落地时身体的一部分落在了比赛场地以外，这个时候主裁应立即叫停比赛（YAME）。

133. 在任何情况下，只要启动了“十秒规则”的计时，大会医生就将被要求对该选手进行检查。

134. 选手应在比赛场地外接受大会医生的检查。

135. 执行委员会可以授权在空手道服上配带受许可的赞助商的广告。

136. 所有参加组手比赛的选手必须佩戴护齿（牙套）。

137. 当某位选手完成一个摔技以后，主裁最多可以给他二秒钟的时间来完成一个得分动作。

138. 如果一位选手以一个有力的侧踢得分的同时将对手踢到了界外，主裁应在给他判二分（WAZA—ARI）的同时给对手的出界（JOGAI）一个第2类犯规的警告或处罚。

139. 当有人对某场比赛提出正式申述后，接下来的所有比赛都应推迟，直到该抗议有了结果为止。

140. 四位边裁应分别坐在比赛场地四个角的安全区内。

141. 如果两位或以上的边裁作出了某一方选手得分的信号，而主裁不予理会，赛事监督必须吹响他的口哨。

142. 当主裁为一个给对手造成了伤害的技术判分的时候，赛事监督应发出信号，中止比赛。

143. 当主裁没有听见比赛结束的铃声时，记分员应以吹口哨为信号提醒他。

144. 当一方选手被对方以合乎规则的技术摔倒、自己滑倒或处于任何不能以双脚支撑自己平衡的状态下，被对手得分，这时的得分应该判三分（IPPON）。

145. 当主裁想要给予某人失格（SHIKKAKU）的处罚时，他需要召集边裁进行简短的商讨。

146. 如果某位选手在比赛过程中受伤，他将会被允许有三分钟的时间来进行治疗，如果治疗不能在这三分钟内完成，主裁将决定他是否要判该选手不适合继续比赛，或决定是否要给予他更多的治疗时间。

147. 如果某位选手在比赛的时间剩下不到 10 秒钟时出界（JOGAI），他至少将受到警告（KEIKOKU）的处罚。

148. 更正得分误判给另一方选手的时候，主裁应面对误判得分的一方选手并作出无效（TORIMASEN）的手势，然后转身给他的对手判分。

149. 如果某位选手在先完成一记控制得非常好且满足得分标准的中段踢法（CHUDAN GERI）后，不小心用拳头打到了对手的脸部并造成了轻微的伤害，这时我们应判他得两分（WAZA—ARI），并同时给他一个口头警告。

150. 当一位受伤的选手在经过治疗后，如果大会医生认为他可以继续参赛，主裁将不能否定医生的决定。

151. 即使边裁没有做出任何信号，主裁也可以叫停比赛。

152. 当主裁叫停比赛后，如果四位边裁分别作出了不同的信号，主裁应判决为无效（TORIMASEN），并宣布比赛继续。

153. “逃避战斗”是指一方选手试图以浪费时间的方式来防止对手有机会得分的行为。

154. 在团体赛的加赛中，如果双方选手因同时受伤而不能继续比赛，而他们的比分又相同的话，我们将以判定（HANTEI）来决定胜者。

155. 在团体赛中，如果双方选手因同时受伤而不能继续比赛，而他们的比分又相同的话，主裁将宣布该回合比赛平局（HIKIWAKE）。

156. 当比赛只剩下不到 10 秒钟，因比分落后而拼命想要追平比分的一方选手出界（JOGAI）时，他将至少受到一个第 2 类犯规的犯规注意（HANSOKU—CHUI）处罚。

157. 所有打到腰带以下的技术动作都不能得分。

158. 打在肩胛骨的技术动作是可以得分的。

159. 如果红方（AKA）非有意的踢到了蓝方（AO）的髋部，造成蓝方（AO）受伤而不能继续比赛，裁判将判蓝方弃权（AO KIKEN）。

160. 如果选手明显地上气不接下气，主裁应当中止比赛以给他时间恢复。

161. 当一方选手领先对手八分时，他将被宣布为胜方。

162. 当比赛时间结束时，得分较高的一方为胜方。

163. 当比赛还剩不到 10 秒钟的时候，如果一方选手在抓住对手 2 秒以内不尝试使用任何技术，那么他至少会受到犯规注意（HANSOKU—CHUI）的处罚。

164. 在团体赛中，如果某队的一位选手因犯规被取消比赛资格（HANSOKU）的话，不管已取得的分数为多少，都将归为零分，而对手将取得固定的八分。

165. 在团体赛中，如果某队的一位选手被判弃权（KIKEN）的话，不管已取得的分数为多少，都将归为零分，而对手将取得固定的八分。

166. 在团体赛中，如果某队的一位选手被判失格（SHIKKAKU）的话，不管已取得的分数为多少，都将归为零分，而对手将取得固定的八分。

167. 只有当某位选手因自己的过失或疏忽而被对手击中或打伤时，我们才认定他是无防备（MUBOBI），并对他进行警告或处罚。

168. 当某位选手因自己的原因被对手击中后，又有夸大自己伤情的行为，他应受到无防备（MUBOBI）或夸大伤情的警告和处罚，但不是两项同时处罚。

169. 如果一方选手在作出一记好的中段踢（CHUDAN GERI）后，被对手捉住了腿部，那么这记中段踢法将不能得分。

170. 如果一方选手作出了一记满足全部六个得分标准上段踢（JODAN GERI），而对手在抬手格挡后，用于格挡的手轻轻地碰到了他自己的脸部，在这种情况下，主裁可以给这记上段踢判三分（IPPON），因为这记踢法没有被对手有效的格挡住。

171. 当一方选手抓住对手并使用摔技将对手摔倒时，被对手拉倒在地而造成了对手受伤，在这种情况下，双方都应受到警告或处罚。

172. 为 WKF 许可的广告可以在空手道服上衣的左袖上被展示。

173. 各国协会／联盟不可以在空手道服上做广告。

174. 如果某位组手选手被判弃权（KIKEN），那么他将不能再参加该次大会的比赛。

175. 只有团体赛中会采用加赛。

176. 当主裁因无防备（MUBOBI）给予一方选手第 2 类犯规的警告或处罚时，他的对手将会受到一个比通常轻的第 1 类犯规的处罚。

177. 在团体比赛中，一支女子队可以只有两个队员参赛。

178. 主裁不能是与两位选手中任何一位具有相同国籍，但是如果双方的教练都同意的话，可以允许一位边裁是与两位选手中的一位相同国籍。

179. 赛制监督应与主裁和边裁一起进行列队。

180. 教练员应坐在各自选手方，面对官方计分台一边的安全区外。

181. 赛事监督应坐在记分台的左边。

182. 在团体赛中，如果整个裁判小组的成员都具备所需的裁判执照，主裁和边裁将在每回合之间轮换位置。

183. 只有在团体赛的奖牌赛中，主裁和边裁才在每回合之间轮换位置。

184. 主裁可以在包括安全区在内的整个比赛场地内移动。

185. 女子选手必须穿戴护胸。

186. 女子选手如果有穿戴躯干护具的话，可以不带护胸。

187. 红、蓝色腰带上必须没有任何个人刺绣或标示。

188. 只有在型的比赛中才允许在红、蓝色腰带上作个人刺绣或标示。

189. 选手必须穿着纯白无条纹、无滚边和个人刺绣的空手道道服。

190. 只有在奖牌赛中才允许在空手道道服上做个人刺绣。

191. 只有在至少两位边裁做出相同信号时，主裁才可以进行判分、警告或处罚。

192. 当两位边裁对某位选手的判罚与另两位边裁的判罚完全相反时，主裁拥有最终判定权。

193. 当两位边裁作出某一位选手得分，同时另两位边裁对该选手作出警告的判罚时，主裁应征求场地管理的意见。

194. 边裁不能在主裁叫停比赛前作出得分或警告的示意。

195. 在主裁给出得分、警告或处罚的判决前，他须等待边裁的意见。

196. 当两位边裁对同一选手得分的分值出现不同的判罚时，应采纳较低的分值。

197. 当两位边裁对同一选手得分的分值出现不同的判罚时，应采纳较高的分值。

198. 当两位边裁对同一选手得分的分值出现不同的判罚时，主裁应判定为无效（TORIMASEN）。

199. 如果一方选手在裁判叫停前，有多于一次的技术满足得分的要求，那么不管这套得分技术施展的顺序，裁判都应为该选手分值较高的技术判分。

200. 在团体赛中，如果在加赛后双方仍然没有得分，或得分相同，比赛结果将由判定（HANTEI）来决定。

201. 当选手因非对手原因离开比赛场地，即判定为出界（JOGAI）。

202. 对在比赛最后 10 秒内（ATOSHI BARAKU）出现的逃避、避免战斗或浪费时间等行为，最低判罚应为犯规注意（HANSOKU—CHUI）。

203. 消极是一种第二类犯规的行为。

204. 消极是一种第一类犯规的行为。

205. 如果双方选手在 25 秒钟以上都没有交手，主裁应叫停比赛判其消极，并处以第二类犯规的警告或处罚。

206. 有效（YUKO）表示一分。

207. 技有（WAZA—ARI）表示二分。

208. 一本（IPPON）表示三分。

209. 在每一场比赛前确认选手是否穿戴着受认定的服装和护具是赛事监督的责任。

210. 在每一场比赛前确认选手是否穿戴着受认定的服装和护具是场地管理的责任。

211. 教练员必须将自己和参赛选手或参赛队伍的证件上交到官方记录台。

212. 技有（WAZA—ARI）是对中段的踢技（CHUDAN GERI）的判分。

213. 有效（YUKO）是对任何冲拳（TSUKI）或击打（UCHI）技术施加于七个有效得分部位中的任何一个部位的判分。

214. 一本（IPPON）是对上段踢技（JODAN GERI）和任何有效的得分技术施加于被摔倒，自己滑倒或处于任何不能以双脚支撑自己平衡状况下的对手上的判分。

215. 个人赛中允许平局。

216. 判定比赛结果的标准之一是：选手所展示出的战术优势和技巧娴熟度。

217. 第一类犯规中有四种禁止的行为，第二类犯规中有八种禁止的行为。

218. 试图以头部、膝部或手肘攻击对手属于第一类犯规的行为。

219. 一般情况下，当一方选手获胜的机会因对手的犯规而严重降低的时候，裁判应对犯规方处以警告（KEIKOKU）的处罚。

220. 一支代表队的总教练可以向裁判小组的成员就某一判罚进行申述。

二、“型”理论考核试题

WKF 裁判员资格（型）理论考核试题

1. 在复活赛时，允许重复之前已使用过的型。

2. 型和分解的演练时间加起来一共是六分钟。

3. 在型的比赛中，允许选手按自己道场所教授的，对动作进行变更。

4. 演示过的型将不允许被重复。

5. 当红方（AKA）完成自己的型后，将离开比赛区域等候蓝方（AO）的演武。

6. 如果选手的参赛型不符合规定或有其他违规的现象，主裁可召集其他裁判，以达成一致的裁决。

7. 如果一方选手被取消比赛资格，主裁会将旗子交叉再分开来做表示。

8. 在判定（HANTEI）中得到多数票的选手将由报分员／宣告员，宣布为胜方。

9. 在判定（HANTEI）以后，当所有裁判都放下旗子后，主裁将通过举起相应颜色的旗子来宣布胜方。

10. 在判定（HANTEI）中，如果一方裁判判红方（AKA），一方裁判判蓝方（AO），其他裁判判平局（HIKIWAKE），那么将通过加赛来决定胜负。

11. 裁判应当注意观察选手所演示型中该流派正确的基本动作（KIHON）。

12. 型比赛的起点位置应在规定的比赛场地内用一个小十字架标出。

13. 型的演示必须表现出集中力、力量和其技术动作的潜在杀伤力。

14. 主裁需要通过吹短哨一声来给选手开始演示的信号。

15. 型比赛的起始位置是比赛场地内，距边线两米面对主裁的地方。

16. 在团体型的比赛中，某一队员给出开始和完成的口令不会被认为是外在的提示。

17. 如果一个选手重复使用了一个型的话，他将不会被取消比赛资格。

18. 裁判应当注意观察选手所演示型中该选手道场所传授的正确的基本动作。

19. 如果一个选手在型的演示过程中出现了停顿，他将被取消比赛资格。

20. 在复活赛时，只允许演练非常长的型。

21. 在型的比赛中，空手道上衣的袖子不可以卷起。

22. 确保通报给记分台的型适合该回合比赛是教练或选手的责任。

23. 如果一方选手点名不到或弃权（KIKEN），那他的对手将直接被判获胜。

24. 当一位选手因对手被判弃权而获胜后，他将不能在下一回合中使用该回合已在记分台登记的型。

25. 空手道裤可以稍短一些，只需覆盖小腿胫骨的一半。

26. 型和分解的演练时间加起来一共是五分钟。

27. 型和分解的演练时间加起来一共是七分钟。

28. 记分台的工作人员包括计时员、记分员和报分员／宣告员。

29. 型的比赛场地按规定是长宽各十二米的方形场地。

30. 型比赛的执法裁判不可以有与参赛选手相同国籍者。

31. 虽然丝带和头发的其他装饰物在组手比赛中是不允许佩戴的，但在型的比赛中，他们是被允许佩戴的，

32. 在团体型比赛的奖牌争夺战中，参赛队伍需要以分解动作（BUNKAI）来演示型的含义。

33. 每场比赛场上执法的，有三位或五位裁判组成的裁判团，是由场控长指定的。

34. 每场比赛场上执法的五位裁判组成的裁判团，是由场控长指定的。

35. 每场比赛场上执法的五位裁判组成的裁判团，是由裁判委员会指定的。

36. 在给出足够统计旗语票数的时间后（约 5 秒），裁判员们在一次短哨声后，统一将旗子放下。

37. 女性选手必须在空手道上衣下再穿一件白色 T 恤衫。

38. 如果需要的话，女性选手可以在空手道上衣下再穿一件白色 T 恤衫。

39. 空手道裤必须至少覆盖小腿胫骨的三分之二，且不能长过脚踝骨。

40. 禁止穿戴未获批准的服装、衣服或装备 / 护具。

41. 在型的比赛中，一个简单的橡皮筋或是小发箍是被允许使用的。

42. 比赛场地必须足够大，以允许选手能够毫无阻碍的完成整套型的演练。

43. 铺有垫子的组手比赛场地不适合型的比赛。

44. 允许在演练型的过程中脱掉空手道上衣。

45. 型的比赛实行败者淘汰制，允许复活赛。

46. 不允许选手按自己道场所教授的，对动作进行变更。

47. 在每一轮的比赛前，选手都要将选择的型通报给计分台。

48. 在团体比赛中，如果参赛队伍在型分解（BUNKAI）演示完成后不行鞠躬礼的话，该队伍将会被取消比赛资格。

49. 比赛所需的型数量取决于参赛选手或队伍的数量。

50. 第一轮轮空的选手或队伍将会被虚拟一个对手，虚拟对手应计入参加总人 / 队数。

51. 在对某一选手或队伍型的演练进行评判时，裁判应根据四个主要评判标准。

52. 四个评判标准是：一致性，技法的表现，运动能力的表现，和技术的难度。

53. 在分解的演示过程中，因缺乏控制的技术而造成了受伤，应算作是犯规的行为。

54. 四个主要评判标准是：一致性，正确的呼吸，运动能力的表现，和技术的难度。

55. 四个主要评判标准是：力量，速度，平衡，和时机的把握。

56. 四个主要评判标准是：同步性，步法，控制性，和时机的把握。

57. 速度和平衡都属于运动能力的表现。

58. 节奏和力量都属于运动能力的表现。

59. 正确的呼吸，技法，和转换的动作都属于技术能力的表现。

60. 型的难度和步法都属于技术能力的表现。

61. 力量，速度，平衡和力专注力都属于运动能力的表现。

62. 在型的分解中，转换的动作和控制力都属于技术能力的表现。

63. 在型的分解中，力量，时机的把握，和步法都属于运动能力的表现。

64. 型的分解与型本身同样重要。

65. 在演练前过度地进行鞠躬礼属于犯规行为。

66. 在分解的演示过程中，因缺乏控制的技术而造成了受伤，该队将会被取消比赛资格。

67. 评判时，全部四个主要评判标准应具有相同的重要性。

68. 演练错误的型，或宣告错误的型名将会被取消比赛资格。

69. 顿足、拍打胸部、手臂、或空手道服的行为，在评判时应考虑在内。

70. 如果一位选手在演练过程中出现明显的犹豫或停顿几秒钟，他不会被取消比赛资格。

71. 型的分解没有型本身重要。

72. 干扰裁判的工作会被取消比赛资格。

73. 任何人，包括队伍的其他成员，进行声音的提示都是犯规的行为。

74. 如果某位选手在型的演练过程中腰带脱落，他将会被取消比赛资格。

75. 不遵守主裁的指令，或其它不当行为属于犯规行为。

76. 不遵守主裁的指令，或其它不当行为将会被取消比赛资格。

77. 型和分解的演练时间超过了六分钟时的时限是犯规的行为。

78. 在团体型的比赛中，每队所有三名成员在型的演示开始和结束时必须面向同一方向且面向主裁。

79. 型的演练必须要有如实战般的真实性，同时从技术上也要表现出意志的集中力、力量和潜在的打击力度。

80. 在分解的演示过程中，因缺乏控制的技术而造成了受伤，不属于犯规的行为。

81. 在对型的演练进行评判的时候，稍微失去平衡的情况下不应当考虑在内。

82. 型和分解的演练时间超过了六分钟的时限将会被取消比赛资格。

83. 型的演练必须展示出力量、气势和速度，同时还要展示出它的优雅、节奏和平衡感。

84. 在对型的演练进行评判的时候，稍微失去平衡的情况必须考虑在内。

85. 不同步的动作，如在身体的转换动作完成前施展某个技术动作，是犯规的行为。

86. 在裁判进行判定的时候，不适当的吐息应当被考虑在内。

87. 在团体比赛时，某个动作不能同步完成不会被算作是犯规行为。

88. 某个动作演示的方式不正确或不完整会被算作是犯规的行为。

89. 浪费时间，包括长时间的入场，过度的鞠躬，或开始演练前长时间的停顿，是犯规的行为。

90. 顿足、拍打胸部、手臂、或空手道服都属于声音的提示。

91. 声音的提示不属于犯规的行为。

92. 不适当的吐息不算作声音的提示。

93. 格挡动作没有完全施展，或拳未击打在目标上均算作犯规的行为。

94. 在分解的演示过程中，允许因缺乏控制的技术而造成的受伤。

95. 在团体比赛中，队伍成员必须表现出型的演练所需的各方面的能力，同时保持动作的一致性。

96. 如比赛中有选手发出了开始和停止的口令的情况，在裁判进行判定的时候，应当考虑在内。

97. 确保通报给记分台的型适合该回合比赛是选手所属国家协会／联盟会长的责任。

98. 在两位选手均完成型的演练后，双方应一起并排站在比赛场地边缘。然后主裁将要求判定（HANTEI），在主裁两声哨响后，场上裁判将进行投票。

99. 型的比赛中允许出现平局（Hikiwake）。

100. 在判定（Hantei）中得票数最多的一方选手将由主裁宣布为胜方。

101. 在每一回合比赛开始时，双方选手应先向裁判小组行礼，然后相互行礼。

102. 在判定（Hantei）后，双方选手应先向互相行礼，然后向裁判小组行礼。

103. 型比赛的执法裁判应与参赛的选手具有相同国籍。

104. 选手可以从型的列表上选取任何型参加比赛。

附录九：指定型列表

世界空手道联盟规定指定型（SHITEI）KATA 列表

Goju 刚柔流 Seipai 十八

Saifa 碎破

Shoto 松涛流 Jion 慈恩

Kanku Dai 观空大

Shito 糸 东 Bassai Dai 拔塞大

Seienchin 征远镇

Wado 和道流 Seishan 征三

Chinto 镇东

附录十：中国空手道协会裁判员管理规定

第一章　总则

第一条　为规范空手道运动的开展，根据国家体育总局颁布的体育竞赛裁判员管理办法，并结合世界空手道联盟（以下简称世空联）、亚洲空手道联盟（以下简称亚空联）、中国空手道协会（以下简称中空协）的有关规定，制定本管理办法。

第二条　在国家体育总局正式颁布空手道裁判员技术等级制度之前，本管理办法适用于中空协及其下属会员协会空手道裁判员的技术评定、管理和考核，性质属于行业内自律性的管理规范。

第二章　技术等级

第三条　空手道裁判员技术等级分为国际级、国家级（国家级荣誉裁判、A级、B级、C级裁判）、一级、二级裁判员。

第四条　申请获得空手道裁判员技术等级称号的基本条件如下：

（一）国际级

1. 符合体育竞赛裁判员管理办法的有关规定；

2. 符合世界或亚洲空手道联盟关于年龄、段位等有关规定；

3. 熟练掌握并运用英语；

4. 担任国家A级空手道裁判员工作2年以上，或累计获得过2次优秀裁判员称号；

（二）国家级、一级、二级

1. 符合体育竞赛裁判员管理办法的有关规定；

2. 必须获得中空协级位或段位证书；

3. 必须是中空协个人会员；

4. 身体健康，年龄符合规定；

5. 国家级裁判由高至低另分为荣誉、A、B、C四个等级；

第五条　申请获得国家级裁判员、一级、二级裁判员技术等级称号的具体要求如下：

1. 国家级荣誉裁判：参加裁判工作15年以上；担任国家A级裁判10年以上；获得中空协四段（含四段）段位证书；年龄55～60岁；

2. 国家A级裁判：担任国家B级裁判3年以上；获得中空协三段以上（含

三段）段位证书；年龄 25～55 岁之间；在最近 3 年内参加至少 5 次中空协组织或认可的全国性或区域性空手道比赛裁判工作，积极参加中国协举办的裁判培训班，积极配合协会各项工作；具有一定的英语或其他外语语言基础，可以使用英语或其他外语进行简单的交流沟通；获得过优秀裁判员称号者或对空手道项目有重大贡献者可适当放宽条件；

3. 国家 B 级裁判：担任国家 C 级裁判 2 年以上；获得中空协二段以上（含二段）段位证书；年龄 25～55 岁之间；在最近 2 年内参加至少 3 次中空协组织或认可的全国性或区域性空手道比赛裁判工作，积极参加中空协举办的裁判培训班，积极配合协会各项工作；获得过优秀裁判员称号者或对空手道项目有重大贡献者或具有其他特长者可适当放宽条件；

4. 国家 C 级裁判：担任一级裁判 2 年以上；获得中空协初段段位证书；年龄 20～50 岁之间；在最近 2 内参加至少 3 次中空协组织或认可的全国性或区域性空手道比赛裁判工作，积极参加中空协举办的裁判培训班，积极配合协会各项工作；获得过优秀裁判员称号者或对空手道项目有重大贡献者或具有其他特长者可适当放宽条件；

5. 一级、二级裁判：获得中空协二级以上级位证书；身体健康，年龄 20～50 岁之间。

第六条 申请授予空手道裁判员技术等级称号按以下程序办理：

（一）按照裁判员技术等级制度规定的批准权限和程序进行；

（二）申请授予中空协裁判员技术等级的裁判员必须填写“等级裁判员申请表”，并附带 4 张免冠照片和所在省市体育局、协会或所在单位的推荐函，报中空协批准，参加中空协组织的裁判员考试；

（三）符合国际裁判资格的裁判员由中空协推荐，按照世空联、亚空联的有关规定参加由世空联、亚空联组织的裁判员考试。

第七条 批准授予技术等级的权限是：

（一）国际级裁判员称号由中空协推荐审核，世空联、亚空联批准授予；

（二）国家级裁判员称号由中空协批准授予；

（三）一级以下裁判员称号由省一级地方空手道协会统一评审，相关评审办法参照中空协空手道裁判员管理规定的精神，由地方空协自行制定并上报中空协审核同意后实施；省一级地方空手道协会成立之前，由中空协负责一级、二级裁判员的技术评定、管理和考核工作；目前中空协仅开展一级裁判员考核评定工作。

第八条 申请晋升中空协国家级裁判员技术等级称号的学员必须经过空手道规则、裁判法、专业技术和裁判实践能力考试；

晋升国家级裁判员考试的内容和办法请参考附件。

第九条 二级以上裁判员（包括二级）证书由中国空协统一发放。

第三章　裁判员职责与管理

第十条　裁判员的职责

（一）裁判长

1. 全面负责竞赛中的裁判工作。

2. 赛前检查落实比赛场地、器材、护具、用品等事宜。

3. 组织裁判员学习，制定竞赛程序和工作计划，明确裁判人员的分工。

4. 主持裁判技术会议，依据规则、规程精神，负责对竞赛中疑难问题进行解释。

5. 负责组织抽签、适应场地安排、裁判员实习等事宜。

6. 协调指挥裁判组及赛场工作，对于场上出现技术性和程序性问题有权作出最后决定。

7. 配合仲裁委员会，处理竞赛中有争议的重大问题。

8. 发现裁判员有违反竞赛规则或严重违规行为，有权依据《空手道竞赛纪律处罚条例》，报请中空协纪律委员会进行处罚。

9. 审核、签署和宣布比赛成绩。

10. 做好裁判总结工作，上报中国空协裁判委员会。

（二）副裁判长

1. 协助裁判长做好各项工作，在裁判长临时缺席时可代理其职责。

2. 服从裁判长安排，重点做好所分管比赛场地或竞赛程序方面的工作。

3. 保持和裁判长的沟通，及时请示汇报。

4. 比赛后及时做好自我总结工作，协助裁判长做好裁判总结工作。

5. 完成裁判长交办的其他任务。

（三）裁判员

1. 尊重并服从裁判长的指挥，有责任将竞赛中出现的问题及时上报，提出合理建议。

2. 按竞赛规则的要求进行场上执裁。

3. 裁判员不得以任何形式兼任领队、教练。

4. 不得随意向运动员及运动队传递有关的裁判内部信息。

5. 裁判员的工作由裁判长、副裁判长统一安排，本人不得提出特殊执裁要求。

6. 严格遵守裁判员守则和赛会各项有关规定。

7. 比赛后及时做好总结工作。

8. 完成好裁判长交办的其他任务。

（四）编排记录员

1. 协助裁判长做好赛前准备工作，负责编排记录组的工作，审查运动员报名表，参与编制秩序册。

2. 处理运动员弃权、变更，抽签组织，编排场地、场次等事宜并向裁判组通报情况。

3. 负责操作电子计分系统的控制台和准备各种竞赛表格。

4. 负责核实、登记并及时公布比赛成绩；即时通报下阶段比赛秩序。

5. 及时将各级别比赛结果经核实无误后送交裁判长。

6. 整理资料，编写成绩册，协助组委会及时印制竞赛成绩册。

（五）检录、检查员

1. 负责检录组的各项工作，保证比赛顺利进行。赛前检查护具等比赛用品准备情况，并上报裁判长。

2. 根据赛程安排，指挥检录员按时点名，认真检查参赛运动员着装是否符合规定；负责发放、回收护具。

3. 处理运动员弃权问题，及时通报有关裁判组。

4. 协助大会做好开幕式、发奖、闭幕式等多项工作。

（六）电子工程师（如无电子计时记分设备可不设）

根据规则和规程要求，认真负责地操作电子计时记分设备，保证设备运转正常。

第十一条 裁判员的选派

（一）获得国家级以上级别的裁判员技术等级称号者可被选派参加全国空手道竞赛裁判工作；空手道专业队的教练员可以通过考试获得相应的裁判员技术等级，但不能在全国空手道比赛中担任裁判工作；

（二）裁判员的选派由国家体育总局业务主管部门、中空协负责；被选派的裁判员不得无故不参加裁判工作；如确有困难不能参加，必须出示所在单位证明。

（三）被选派的裁判员均应参加赛前学习班，由技术代表、裁判长或专家考核小组对其进行业务考核，成绩不合格者不得执行裁判任务；

（四）凡国家级以上级别的裁判员，如参加国内外各种赛事，必须经中空协批准；

（五）全国性比赛的正、副裁判长，原则上必须为国际级或国家 A 级、B 级裁判员，半决赛和决赛的主裁必须为国际级或国家 A 级裁判；省、市、地区一级的比赛，正、副裁判长必须为国家级以上裁判员；

（六）国际级、国家级、一级裁判员的等级称号级别，以本年度世空联、亚空联及中空协公布的名单为准。

第十二条 裁判员的培训

（一）为不断地提高各级裁判员的业务水平，中空协每年组织不同形式的裁判员培训；

（二）各级空协每年均应举办至少一次裁判员培训班，必须聘请经过中空协审批合格的专业人员担任讲师；

（三）培训形式、内容、教材等必须符合中空协有关要求和规定；

（四）培训结业证书由中空协统一制作颁发；

（五）裁判员培训考核成绩将作为裁判员晋级、选派等活动的重要依据。

第十三条 裁判员的管理

（一）国家级裁判员由中空协负责管理；国家级以下裁判员由其所在省一级空手道协会管理；省级协会成立之前，有中空协代为管理。

（二）被授予国家级的裁判员每年年底前必须向国家体育总局业务主管部门、中空协登记注册进行年度审查，并交纳注册费100元；

（二）被授予国家级裁判员者，一次性交纳裁判员制装费，用于制作统一的裁判员服装、技术等级徽章及其他辅助装备；

（三）各级裁判员在中空协主办的全国比赛中，必须穿着中空协规定的统一裁判服装、技术等级徽章和其他辅助装备；

（四）裁判员技术等级自颁发之日起有效期四年，到期后将按照世空联、亚空联的有关规定重新考核；有下列情况之一的，中空协将视情节严重程度，给予停赛、降级、取消裁判员资格等处罚：

1. 连续两年不注册；
2. 连续两年没有参加协会活动；
3. 连续两次选调没有参加竞赛二作；
4. 未经中空协批准，参加国内外比赛等活动；
5. 未经中空协批准，在其他国内外空手道组织中任职；
6. 比赛发生重大错判误判；
7. 其他违反体育道德等行为；

参考文献

[1] 朱建华．全接触空手道［M］．北京：北京体育大学出版社，2002．

[2] 帕德力克·希基，李英奎（译）．空手道［M］．北京：人民体育出版社，2005年．

[3] 山崎照朝（日）．实战空手［M］．北京：北京体育大学出版社，2005年．

[4] 杜七一．现代跆拳道教程［M］．武汉：湖北科学技术出版社，2007年．

[5] 申国卿．文化学视野下的21世纪中国武术发展战略［J］．北京：北京体育大学学报，2009（6）：

[6] 中国大众跆拳道教程［M］．北京：人民体育出版社，2009年．

[7] 周争蔚．散打教学与训练［M］．北京：人民体育出版社，2010年．

[8] 许声宏．空手道［M］．北京：北京体育大学出版社，2010年．

[9] 邓万先．非奥运项目于我国群众体育的可持续发展［J］．体育学刊，2010（12）

[10] 庞俊鹏．我国空手道运动开展现状的调查研究［J］．武汉体育学院学报，2010（6）

[11] 友田满．空手道［M］．东京：株式会社日本文芸社，2011年．

[12] 中国空手道协会2009－2012年工作报告和2013－2016年工作规划［D］2012年12月

[13] 中国空手道协会安徽团队．体育空手道［M］．合肥：合肥工业大学出版社，2012年．

[14] 王智慧．散打技术实战训练［M］．北京：人民体育出版社，2012年．

[15] 郭建平．空手道教学与训练［M］．长沙：湖南师范大学出版社，2012年．

[16] 中国空手道协会官方网站．http：//chinakaratedo.org

[17] 大学生体育协会空手道分会网站《http：//www.kbfusc.com》

[18] 曾于久．武术散打训练新论［M］．北京：人民体育出版社，2013年．

[19] 王岗．大武术观时域下的中国武术发展路径研究［J］．北京体育大学学报2013（9）

[20] 于海龙．我国高校空手道开展现状及发展趋势［D］．北京：北京体育大学硕士论文，2013

[21] 文达．空手道在中国发展的现状分析与研究［D］．北京：北京体育大学硕士论文，2013

[22] 2010、2011、2012、2013、2014、2015年全国大学生空手道锦标赛秩序册、

成绩册.
[23] 庞俊鹏. 2013 年全国空手道锦标赛赛况调查分析 [J]. 搏击（武术科学）2013，9
[24] 庞俊鹏. 钟军 2013 年全国青少年空手道锦标赛赛况分析 [J]. 湖北体育科技，2013（12）
[25] 庞俊鹏. 湖北省竞技跆拳道发展现状研究 [J]. 武汉体育学院学报，2013，47（11）
[26] 曾于久. 竞技跆拳道训练 [M]. 北京：人民体育出版社，2014 年.
[27] 胡亦海. 竞技运动训练理论与方法 [M]. 北京：人民体育出版社，2014 年.
[28] 庞俊鹏. 中国空手道开展现状与发展战略研究 [J]. 武汉体育学院学报，2016，50（2）

特别致谢

《空手道教程》历经数载，即将出版之际，作为编者，深感不易，感慨万千，在本书的编写过程中，得到了恩师曾于久教授、杜七一老师的关心和帮助，也得到了武汉体育学院邹克宁教授、欧阳柳青教授、程序教授大力支持以及拳跆教研室同事们的支持，在此，表示衷心感谢和崇高的敬意。

感谢中国空手道协会秘书长王旭辉先生，感谢中国大学生体育协会空手道分会秘书长许声宏先生，感谢中国空手道界同仁：贾平先生、郭建平先生、崔刚先生、刘丽女士等。

感谢我的研究生沈翔、赵桃杰、汪于乃、谢劲文在素材收集付出了大量劳动，马思嘉、陈嘉威、王志伟同学在本书技术动作做了示范演练等。

图书在版编目（CIP）数据

空手道教程/庞俊鹏主编. —武汉：湖北科学技术出版社，2016.4
(2024.8重印)
ISBN978-7-5352-8496-9

Ⅰ.①空… Ⅱ.①庞… Ⅲ.①空手道—教材 Ⅳ.①G886.5

中国版本图书馆CIP数据核字（2016）第058648号

责任编辑：谭学军　徐　竹　　　　封面设计：喻　杨

出版发行：湖北科学技术出版社　　电话：027—87679468
地　　址：武汉市雄楚大街268号　　邮编：430070
（湖北出版文化城B座13—14层）
网　　址：http://www.hbstp.com.cn

印　　刷：湖北云景数字印刷有限公司　　邮编：430205

700×1000　1/16　印张14.75　300千字
2016年3月第1版　2024年8月第4次印刷
定价：30.00